한식조리
산업기사 실기

이영순 저

일진사

PREFACE

책을 펴내며

한식조리 기능사로서의 실력과 견문에 자신이 생길 때쯤 우리 고유 음식에 대한 맛과 멋, 다양한 조리 방법, 한국 음식의 특징 등에 대하여 좀 더 깊이 있는 공부를 해 보기 위해 한식조리 산업기사에 도전해 보고 싶은 욕구가 생길 것입니다.

한식조리 산업기사 시험을 준비하는 수험생들은 실기 시험을 준비하는 그 순간부터 막막한 기분에서 출발을 했으리라 생각합니다. 시험 양식과 같은 자료나 정보도 부족하고, 실기를 가르치는 기관이나 시스템도 부족하기 때문입니다.

그동안 학교 강단에서의 강의, 각종 단체에서의 연구 및 산업 현장에서의 실무 등을 통해 얻은 다양한 정보와 자료를 바탕으로, 기본 실력을 점검해 보고 싶은 후배들이나 도움을 받고자 하는 이들에게 좀 더 쉽고 정확한 정보들을 제공하여 실기 시험 대비에 도움이 되고자 이 책을 만들어 보았습니다.

이 책은 실기 시험 형식과 같은 과년도 출제문제, 예상문제, 지급되는 재료 방식, 출제 시 구성되는 요리, 완성품 제출 시 시험장에서의 요구 사항, 조리 시간 등 실전 그대로 접할 수 있게 구성한 책입니다.

『한식조리 산업기사 실기』를 통하여 많은 사람들이 정보가 부족하여 허비하는 시간을 줄이고, 빠른 시간 내에 자격증을 취득할 수 있길 바랍니다.

오랫동안 책을 완성하기 위해 사진 촬영과 자료 정리 등을 마치고 나니 가벼운 안도와 아쉬움으로 만족보다는 미흡한 마음이 들지만, 책을 만드는 동안 무언가 열심히 하고 있었다는 것에 감사하고 행복했습니다.

이 책이 완성되기까지 적극적인 지원을 해 주신 일진사 사장님 외 편집부 직원들과 긴 시간 동안 사진 촬영하느라 너무 고생하신 윤길현 님, 자료 정리를 도와 준 나의 딸 현정이와 경남은행 17층 식구 모두에게 감사드립니다.

이영순(young8956@hanmail.net)

CONTENTS

Part 1 한국 음식의 개관 ······ 9

Part 2 한식조리 산업기사 과년도 출제문제 ······ 19

01 오이소박이, 느타리버섯전골(느타리버섯나물), 더덕생채, 북어양념구이, 쇠고기장조림 ······ 20
02 무나물, 감자조림, 너비아니구이, 고추전, 북어보푸라기 ······ 27
03 더덕생채, 생선양념구이, 탕평채, 호박전, 호두조림 ······ 33
04 두부조림, 탕평채, 오이숙장아찌, 깻잎전, 파강회 ······ 39
05 삼색밀쌈, 호박죽, 나박김치, 도라지생채, 대합찜 ······ 45
06 북어보푸라기, 표고전, 잡채, 두부선, 애탕국 ······ 51
07 미나리강회, 화전, 수란, 사슬적, 오징어볶음 ······ 57
08 양파전, 된장찌개, 깍두기, 사슬적, 도라지정과 ······ 63
09 어채, 만둣국, 깍두기, 장떡, 오이선 ······ 69
10 화전, 수정과, 북어보푸라기, 육회, 해물된장국 ······ 75
11 시금치된장국, 장산적, 비빔밥, 오이생채, 나박김치 ······ 81
12 무생채, 나박김치, 너비아니구이, 삼색밀쌈, 삼치조림 ······ 87
13 북어보푸라기, 나박김치, 장국죽, 매듭자반, 명란찌개 ······ 93
14 알찜, 오이소박이, 호박전, 멸치조림, 규아상 ······ 99
15 콩나물밥, 잡채, 두부선, 장김치, 너비아니구이 ······ 105
16 오이소박이, 수란, 어만두, 두부선, 삼색경단 ······ 111
17 어선, 화양적, 더덕생채, 호박눈썹나물, 죽순찜 ······ 117
18 미나리강회, 무생채, 오징어볶음, 옥수수전, 연근조림 ······ 123

19 무생채, 오이선, 두부젓국찌개, 꽃게찜, 사슬적 ………………………………………… 129

20 칠전판, 무숙장아찌, 미나리강회, 장산적, 율란, 조란 ………………………… 135

21 오이생채, 육회, 더덕구이, 새우전, 갈비찜 …………………………………………… 142

22 두부젓국찌개, 나박김치, 생선전, 죽순채, 쇠고기장국 ………………………… 148

23 수란, 칼국수, 겉절이, 수정과, 대추초 ………………………………………………… 154

24 장국죽, 제육구이, 잡채, 장김치, 양동구리 ………………………………………… 160

25 구절판, 편수, 깻잎전, 알찜, 오이생채 ………………………………………………… 166

26 섭산삼, 두부조림, 호박죽, 오이숙장아찌, 오이생채 …………………………… 172

27 어알탕, 월과채, 홍합초, 제육구이, 오이선 ………………………………………… 178

28 사슬적, 파전, 깍두기, 도라지생채, 된장찌개 ……………………………………… 184

29 풋고추전, 칠절판, 더덕생채, 연근조림, 뱅어포구이 …………………………… 190

30 두부조림, 북어찜, 사슬적, 표고전, 호박나물 ……………………………………… 196

31 완자탕, 북어보푸라기, 오이숙장아찌, 호두조림, 두부선 …………………… 202

Part 3 한식조리 산업기사 예상문제 ………………………… 209

01 호박선, 생선양념구이, 삼합초, 오이숙장아찌, 도라지생채 ………………… 210

02 약식, 두부젓국찌개, 낙지볶음, 생선양념구이, 화양적 ………………………… 216

03 편수, 탕평채, 두부전, 열무물김치, 오이숙장아찌 ……………………………… 222

04 등골전, 탕평채, 생선양념구이, 장산적, 호두조림 ……………………………… 228

05 두부조림, 쇠갈비구이, 육원전, 해물겨자채, 매듭자반 ……………………… 234

06 완자탕, 닭찜, 표고전, 사슬적, 무나물 ………………………………………………… 240

한식조리 산업기사 시험 안내

❶ 응시자격 (다음 각 호의 1에 해당하는 자)

- 기능사 등급 이상의 자격을 취득한 후 응시하고자 하는 종목이 속하는 동일직무분야에 1년 이상 실무에 종사한 자
- 응시하고자 하는 종목이 속하는 동일직무분야의 다른 종목의 산업기사 등급 이상의 자격을 취득한 자
- 관련학과의 2년제 또는 3년제 전문대학졸업자 등 또는 그 졸업예정자
- 대학졸업자 등 또는 그 졸업예정자
- 3년제 전문대학졸업자 등으로서 졸업 후 응시하고자 하는 종목이 속하는 동일직무분야에서 6월 이상 실무에 종사한 자
- 2년제 전문대학졸업자 등으로서 졸업 후 응시하고자 하는 종목이 속하는 동일직무분야에서 1년 이상 실무에 종사한 자
- 산업기사 수준의 기술훈련과정 이수자 또는 그 이수예정자
- 응시하고자 하는 종목이 속하는 동일직무분야에서 2년 이상 실무에 종사한 자
- 노동부령이 정하는 기능경기대회 입상자
- 외국에서 동일한 종목에 해당하는 자격을 취득한 자

❷ 검정방법 및 시험과목

- 시행처 : 한국산업인력공단
- 관련학과 : 전문대학 이상의 식품영양학과 및 식생활학과, 조리관련학과 등
- 필기시험 과목 : 1. 식품위생관련법규 2. 식품학 3. 조리이론 및 원가계산 4. 공중보건학
- 검정방법
- 필기 : 객관식 4지 택일형, 과목당 20문항(과목당 30분)
- 실기 : 작업형(2시간 정도)
- 합격기준
- 필기 : 100점을 만점으로 과목당 40점 이상, 전 과목 평균 60점 이상
- 실기 : 100점을 만점으로 하여 60점 이상

❸ 출제경향

- 요구작업 내용 : 지급된 재료를 갖고 요구하는 작품을 시험시간 내에 1인분을 만들어내는 작업
- 주요평가 내용 : 위생상태(개인 및 조리 과정), 조리의 기술(기구취급, 동작, 순서, 재료 다듬기 방법), 작품의 평가, 정리정돈 및 청소
- 자격증 취득 시 학사과정 인정 교육기관에서 조리산업기사는 24학점을 인정해 준다.

❹ 검정기준

해당 국가기술자격의 종목에 관한 기술기초이론 지식 또는 숙련기능을 바탕으로 복합적인 기초기술 및 기능업무를 수행할 수 있는 능력 보유

- 한식의 고유한 형태와 맛을 표현할 수 있고 메뉴 개발을 할 수 있을 것
- 식재료의 특성을 이해하고 용도에 맞게 손질할 수 있을 것
- 한식 조리에 필요한 식재료의 분량과 양념의 비율을 맞출 수 있을 것
- 조리과정의 순서를 알고 적절한 도구를 사용할 수 있을 것
- 기초 조리 기술이 능숙할 것
- 완성한 음식을 적절한 그릇을 선택하여 담는 원칙에 따라 모양 있게 담을 수 있을 것
- 한식 상차림에 대한 지식이 있을 것
- 조리과정이 위생적이며 정리정돈을 잘 할 수 있을 것

❺ 시험장에서의 주의사항

- 검정시설은 지정된 것을 사용하여야 하며 재료를 시험장 내 지참할 수 없다.
- 장신구(시계, 팔찌, 반지 등) 매니큐어의 사용을 금하며, 조리 복장을 단정히 한다.
- 조리 복장은 과도한 무늬, 다양한 색, 마크 등이 없는 단색의 복장을 입어야 한다.
- 시험 당일 정해진 시간 내에 도착하여 출석을 확인 후 등번호를 받고 주의사항을 확인한 다음 본인 등번호와 같은 조리대로 이동하여 개인 준비물을 꺼내 놓는다.
- 시험장 내에서는 정숙하여야 하며, 시험 시작을 알리면 즉시 조리에 임한다.
- 조리기구(불, 칼, 기타도구) 사용 시 안전에 유념하고 특히 손을 다치지 않도록 주의한다.
- 요구 작품은 음식의 특성에 맞도록 조리하여 제한 시간 내에 완성한 후 완료된 작품과 등번호를 감독 위원이 지시하는 장소로 신속히 제출한다.
- 작품 제출 후 본인의 조리 작업대를 깨끗이 청소하고 조리기구를 정리정돈한 후, 감독위원의 지시에 따라 퇴장한다.

❻ 조리 순서 및 방법

- 조리도구의 효율적인 배열과 적절한 도구 사용 및 조리 전 꼭 손을 씻는다.
- 재료는 1회에 한하여 지급되고 재 지급은 하지 않으며 검정시행 시작 전 수검자가 사전에 지급된 재료를 검수하여 불량 재료이거나 지급량이 부족한 경우에는 시험위원에게 통보하여 교환 또는 추가 지급을 받도록 한다.
- 시험 요리명, 지급된 재료, 제한 시간에 맞는 작업 배분, 불리거나 절이는 재료, 지지거나 데치는 음식, 조리시간이 오래 소요되는 식품은 먼저 조리 작업을 한다.
- 시험 종목에서 중복되는 재료를 미리 용도별로 구분하고, 음식에 알맞게 전처리 한 후에 조리순서를 효율적으로 배분하고 위생적으로 조리한다.
- 음식을 담을 때는 그릇에 물기가 없도록 하며, 사용된 식품의 종류가 보이도록 담아 낸다.
  - 국, 탕, 찌개 : 따뜻하게 제출한다.
  - 구이 : 알맞게 구워서 제출한다.
  - 생채류 : 물기가 생기지 않도록 담아서 제출한다.
  - 고명 얹는 음식 : 음식 완성 후 위에 올려서 보기 좋게 제출한다.

■ 수검자 유의사항

1. 조리시간은 1:40~2:10분 사이이며 과제의 구성에 따라 조리시간이 가감될 수 있다.
2. 같은 요리라도 그 과제의 구성에 따라 요리 제출 시 요구사항이 달라질 수 있으므로 요구사항 필독 후 요리에 임한다.   ㉠ 크기, 개수, 모양, 기타 요구사항 등
3. 제시된 재료는 요리별로 구분한 후 요리를 시작하여야 한다.(특히 중복으로 사용되는 재료 분배에 유의하여야 한다.)
4. 시험 응시 시 사용되는 재료의 양보다 많게 지급될 수도 있으므로 요리별로 재료량 조절을 하여야 한다.
5. 조리 작업 배분은 제한 시간에 맞게 조리를 하여 시간 부족으로 미완성하여 과제 제출을 하지 못하는 경우가 없도록 한다. (특히, 시간 부족으로 과제를 제출하지 못하는 경우가 많음)

한국 음식의 개관

1 한국 음식 문화의 특징

각 민족의 식생활 양식은 그 민족이 처한 지리적·사회적·문화적 환경에 따라 형성되고 발전된다. 우리나라는 사계절이 뚜렷하며 농업의 발달로 쌀과 잡곡의 생산이 다양하게 이루어져 이들을 이용한 조리법이 개발되었다. 또한 삼면이 바다로 둘러싸여 수산물이 풍부하며, 조육류와 채소를 이용한 조리법도 발달되었고 장류, 김치류, 젓갈류 등의 발효식품의 개발과 기타 식품 저장 기술도 일찍부터 이루어져 왔다.

이와 같이 우리나라 음식은 계절과 지역에 따른 특성을 잘 살렸으며 조화된 맛을 중히 여겼고 식품 배합이 합리적으로 잘 이루어져 있음을 알 수 있다. 특히 우리나라 음식은 정성과 노력이 많이 드는 음식이므로 음식 만들 때의 마음가짐과 바른 태도가 중요하다고 할 수 있다. 또한 만들어진 음식의 영양, 색, 맛, 온도, 그릇과의 조화도 중요하다.

- 준비된 음식을 한 상에 모두 차려 놓고 먹는다.
- 궁중음식, 반가음식, 서민음식을 비롯하여 각 지역에 따른 향토음식의 조리법이 발달되었다.
- 주식과 부식이 뚜렷하게 구별되어 있다.
- 국물이 있는 음식을 즐긴다.
- 반찬의 조리법으로는 찜, 전골, 구이, 전, 조림, 볶음, 숙채, 생채, 편육, 젓갈, 장아찌 등이 있다.
- 김치, 장아찌, 장, 젓갈 등 발효식품을 많이 섭취한다.
- 조화된 음식의 맛을 중요시하였다.
- 식품 자체의 맛보다 조미료, 향신료를 써서 복합적인 맛을 즐긴다. 갖은 양념이라고 하여 간장, 파, 마늘, 깨소금, 참기름, 후춧가루, 고춧가루, 생강 등을 용도에 따라 음식에 사용한다.
- 절식(節食)과 시식(侍食)이 발달하였다.
- 조리법이 복잡하여 대부분 미리 썰어서 조리한다.

2 한국 음식의 고명

고 명

- **달걀지단** : 달걀을 흰자와 노른자로 나누어 잘 저어서 기름 두른 번철의 약한 불에서 골고루 펴지도록 기울여 고루 익힌다. 식혀서 용도에 따라서 완자형(마름모형), 채썰기, 골패형 등으로 사용한다.
- **알쌈** : 쇠고기를 곱게 다져 양념하여 완자를 빚고 달걀을 풀어 번철에 지름 3cm의 타원형으로 지진 다음 빚은 완자를 넣고 지진 달걀을 반달 모양으로 접어 부친다.
- **고기완자** : 고기를 곱게 다져 갖은 양념(소금, 파, 마늘, 후춧가루, 참기름)을 하고 지름 1cm 정도로 빚어서 밀가루를 입히고 달걀물을 씌워 기름을 두른 번철에 굴려가며 부친다.
- **미나리초대** : 미나리의 위아래를 가지런히 하여 대꼬지에 꿰어서 밀가루와 달걀물을 씌워 번철에 지져낸 후 용도에 따라서 완자형이나 골패형으로 썰어서 사용한다.
- **버섯** : 표고, 목이, 석이 등을 불려서 사용한다. 용도에 맞게 완자형, 골패형, 채썰기 등으로 사용한다. 또한 곱게 다진 석이버섯을 달걀 흰자에 섞어 지단을 부쳐서 사용한다.
- **은행** : 겉껍질을 까고 알맹이를 꺼내서 번철에 기름을 두르고 소금과 함께 볶아 파랗게 익으면 종이로 문질러 껍질을 벗겨서 사용한다.
- **잣** : 고깔을 떼고 닦아서 쓰기도 하고, 반을 갈라서 비늘잣으로 쓰거나, 다져서 잣가루로 쓰기도 한다.
- **호두** : 겉껍질을 깨고 알맹이를 꺼내어 따뜻한 식초물에 담가 불려서 꼬챙이로 속껍질을 벗겨 용도에 따라 사용한다.
- **실고추** : 건고추는 씨를 빼고 젖은 수건으로 닦고 잠시 싸둔 후 돌돌 말아서 가늘게 채썰어 사용한다.
- **대추** : 마른 대추를 재빨리 씻어 건져서 마른 행주로 닦고 씨를 발라 내어 채썰기, 말기 등 용도에 따라 사용한다.
- **밤** : 껍질을 벗겨 채썰기, 마른 안주, 삶아서 으깨어 고물로 사용한다.

3 한국 음식의 상차림

우리나라 상차림은 음식을 한꺼번에 모두 차려 놓고 먹는 것을 원칙으로 하며, 식사 예절에 따라 상차리기가 매우 중요시되는데 그 만큼 형식도 까다롭다.

상차림이란 한상에 차려 놓은 찬품의 이름과 수를 말한다. 한국의 일상 상차림은 독상이 기본이다. 음식에는 차려지는 상의 주식이 무엇이냐에 따라 반상, 죽상, 면상, 주안상, 다과상 등으로 나눌 수 있고, 또한 상차림의 목적에 따라 교자상, 돌상, 큰상, 제삿상 등으로 나눌 수 있는데 계절에 따라 구성이 다양하다.

1. 일상식 상차림

■ 반 상

밥과 반찬을 주로 하여 격식을 차리는 상차림으로 밥상, 진짓상, 수라상으로 구별하여 쓰는데 받는 사람의 신분에 따라 명칭이 달라진다. 아랫사람이 윗사람에게는 밥상, 어른에게는 진짓상, 임금에게는 수라상이라 불렀다. 밥과 함께 차려지는 반찬수에 따라서 3첩, 5첩, 7첩, 9첩, 12첩으로 구분한다.

>> 반상 차림의 구성

구 분	종 류		3첩	5첩	7첩	9첩	12첩
첩수에 들어가지 않는 음식 (기본 음식)	밥		1	1	1	1	2
	국		1	1	1	1	1
	김치		1	2	2	3	3
	장류		1	2	3	3	3
	찌개				1	1	2	2
	찜(선)				택1	1	1
	전골				택1	1	1
첩수에 들어가는 음식 (쟁첩에 담는 음식)	나물	생채	택1	택1	1	1	1
		숙채	택1	택1	1	1	1
	구이		택1	1	1	1	2
	조림		택1	1	1	1	1
	전			1	1	1	1
	장아찌					1	1
	마른 찬		택1	택1	택1	1	1
	젓갈		택1	택1	택1	1	1
	회				1	택1	1
	편육					택1	1
	수란						1

• 3첩 반상 : 기본적인 밥, 국, 김치, 장류 외 세 가지 찬품을 내는 반상이다.
  첩수에 들어가지 않는 음식 : 밥, 국, 김치, 장류
  첩수에 들어가는 음식 : 생채 또는 숙채, 구이 혹은 조림, 마른 찬과 젓갈 중에서 한 가지
• 5첩 반상 : 기본적인 밥, 국, 김치, 장류 외 다섯 가지 찬품을 내는 반상이다.

첩수에 들어가지 않는 음식 : 밥, 국, 김치, 장류, 찌개(조치)

첩수에 들어가는 음식 : 생채 또는 숙채, 구이, 조림, 전, 마른 찬과 젓갈 중에서 한 가지

- **7첩 반상** : 기본적인 밥, 국, 김치, 장류 외 일곱 가지 찬품을 내는 반상이다.

  첩수에 들어가지 않는 음식 : 밥, 국, 김치, 장류, 찌개, 찜(선) 또는 전골

  첩수에 들어가는 음식 : 생채, 숙채, 구이, 조림, 전, 마른 찬과 젓갈 중에서 한 가지, 회

- **9첩 반상** : 기본적인 밥, 국, 김치, 장류 외 아홉 가지 찬품을 내는 반상이다.

  첩수에 들어가지 않는 음식 : 밥, 국, 김치, 장류, 찌개, 찜, 전골

  첩수에 들어가는 음식 : 생채, 숙채, 구이, 조림, 전, 장아찌, 마른 찬, 젓갈, 회와 편육 중에서 한 가지

- **12첩 반상** : 기본적인 밥, 국, 김치, 장류 외 열두 가지 이상의 찬품을 내는 반상이다.

  첩수에 들어가지 않는 음식 : 밥, 국, 김치, 장류, 찌개, 찜, 전골

  첩수에 들어가는 음식 : 생채, 숙채, 구이 2종류(찬구이, 더운구이), 조림, 전, 장아찌, 마른 찬, 젓갈, 회, 편육, 수란

■ 죽 상

새벽자리에서 처음 일어나 먹는 음식으로, 부담 없이 가벼운 음식이다. 응이, 미음, 죽 등의 유동식으로 맵지 않는 국물김치와 젓국찌개, 마른 찬(북어보푸라기, 육포, 어포) 등을 차린다. 죽은 상 중앙에 놓고 오른편에 공기를 놓아 조금씩 덜어 먹게 한다. 죽상에는 짜고 매운 음식은 어울리지 않는다.

- **응이상** : 응이, 동치미, 소금, 꿀을 갖추어 상차림한다.
- **흰죽상** : 흰죽, 젓국조치, 나박김치, 매듭자반, 북어무침, 포, 청장을 갖추어 상차림한다.
- **잣죽상** : 잣죽, 동침, 다시마튀각, 소금, 꿀을 갖추어 상차림한다.

■ 면 상

국수를 주식으로 한 상을 면상이라 하며, 점심으로 많이 이용한다. 주식으로는 온면, 냉면, 떡국, 만둣국 등이 오르며, 부식으로는 찜, 겨자채, 잡채, 편육, 전, 배추김치, 나박김치, 생채, 잡채, 전 등이 오른다.

- **온면상** : 국수(온면), 찜(민어찜, 도미찜), 전, 잡누르미, 편육, 김치, 정과, 떡, 약과, 약식, 강정, 녹말편을 갖추어 낸다.
- **냉면상** : 국수(냉면), 쇠고기전골, 전, 김치, 장과, 떡수단, 화채 등을 갖추어 낸다.

■ 주안상

주류를 대접하기 위해서 차리는 상차림이다. 육포, 어포, 건어, 어란 등의 마른 안주와 전이나 편육, 찜, 신선로, 전골, 찌개 같은 얼큰한 안주 한두 가지, 생채류, 김치, 과일 등이 오르며 떡과 한과류가 오르기도 한다.

■ 교자상

명절이나 잔치 또는 회식 때 많은 사람이 함께 모여 식사를 할 경우 차리는 상이다(반상, 면상, 주안상, 잔칫상 등의 상차림). 떡이나 한과류도 함께 차린다.

2. 통과의례 상차림

■ 백일 상차림

아기가 태어나서 백일째 되는 날 차리는 상으로, 백설기와 음식을 차려 친척과 이웃에게 축하를 받는다. 차리는 음식은 흰밥, 미역국, 백설기, 수수경단, 오색송편, 인절미 등이다.

■ 돌상 상차림

아기의 첫 생일에 차리는 상이다. 남아는 활, 책 등을 놓으며, 색동저고리, 풍차바지를 입히고 복건을 씌웠다. 여아는 수공에 능하도록 색실과 바느질자를 놓으며, 색동저고리와 다홍치마를 입히고 조바위를 씌웠다. 음식으로는 흰밥, 미역국, 청채나물 만들고 돌상에는 백설기, 오색송편, 인절미, 수수경단, 생실과, 쌀, 국수 등을 올린다.

>> 돌상 위에 놓는 물건

종류	면	실	활	쌀	대추	붓	먹	벼루	책	활	돈
의미	장수	용맹		식복이 많다.	자손 번영	문운(文運)				무운(武運)	부귀영화 등을 기원하는 의미들이 포함되어 있다.

■ 혼례(교배) 상차림

혼례식 때 차리는 상으로 대청이나 뜰에 병풍을 남북으로 친 다음 동서로 놓는 것이 예법이다. 혼례상에 진설되는 물건은 지방이나 가문에 따라 조금씩 차이는 있으나, 대개는 촛불을 밝힌 한 쌍의 촛대, 송죽(松竹) 가지를 꽂은 화병 두 개, 닭 한 쌍, 백미 두 그릇, 술과 잔, 밤, 대추, 은행 등이다. 진설품 중에 불을 밝힌 촛대는 혼례를 치루던 예전에 재물을 비추기 위하여 올려지던 것이 지금껏 이어지고 있는 것이며, 송죽은 절개를, 밤·은행·대추는 번성한 자손을 각각 의미한다.

한편, 예식이 끝나면 혼례상에 올려졌던 한 쌍의 닭을 날려 보내는 것이 상례이다. 그러나 지방에 따라서 신부로 하여금 시댁으로 가져가게 하여 암탉이 곧바로 알을 낳으면 길조로 여기는 속신이 있다. 그 밖의 밤, 대추 등은 많은 자손을 두라는 뜻에서 신랑의 주머니에 가득 넣어 주는 것이 통례이다.

■ 폐백 상차림

혼례를 치른 후 신부가 시부모님과 시댁 어른들께 첫 인사를 드리는 예의를 폐백이라 하는데, 이때 장만하는 음식류는 각 지방이나 가정에 따라 풍습이 다르다. 서울은 육포나 산적·대추·청주를 가지고 가고, 지방은 육포나 산적 대신 폐백 닭을 가지고 간다. 대추는 시아버님께, 육포는 시어머님께 드리고 절을 올린다.

■ 상례 상차림

인간이 거쳐야 하는 마지막 통과 의례이다. 그것은 의례가 본인이 아닌 다른 생존자들에 의하여 진행되는 의례라는 특징이 있다. 제3자들은 사자의 시신을 정중히 모시고 동시에 육신을 떠난 영혼을 성의껏 위로함으로써 한 인생이 거치는 마지막 의례를 장식하게 해 준다. 상례에 따르는 음식은 상례 중에 올리는 전(奠)과 조석상식(朝夕上食)으로 구분하여 차린다.

>> 전(奠)

장례 전에 영좌 앞에 간단히 음식을 차려 놓는 예식이다. 이때 차리는 음식은 주(酒), 과(菓), 정도이고 집안에 따라서 포(脯)를 더 놓기도 한다.

>> 조석상식(朝夕上食)

돌아가신 조상을 섬기되 살아계신 조상을 섬기듯 한다는 의미에서 아침, 저녁으로 올리는 상식이다. 조석상식은 상례 중에는 물론 장사를 치른 뒤에도 탈상 때까지 만 2년간 올린다. 이때 올리는 음식은 산사람의 조석밥상처럼 밥, 국, 김치, 나물, 구이, 조림 등으로 한다.

■ 제례 상차림

제사를 모실 때 차리는 상을 말하는데, 각 가정의 범절에 따라 내용이 다르나 통례적인 것을 들면 다음과 같다.

>> 제사 음식 장만하기

- 메 : 흰밥으로 수북이 담는다. 차례상에는 메 대신 정초에 떡국을, 추석에는 송편으로 차린다.
- 탕 : 국을 말하며 고기류, 어패류, 북어, 다시마, 무 등으로 만든다.
- 적 : 고기류, 어패류, 두부를 뜻하고 닭고기, 채소로 만든 적을 올린다.
- 갈납 : 전류를 말하고 쇠고기전, 간전, 처녑전, 생선전, 산적 등을 올린다. 보통 상차림보다 넓적하고 크게 만든다.
- 포 : 육포, 어포, 북어포, 암치포, 상어포, 건문어 등을 쓰는데 여러 개를 포개어 놓기도 하고 한 가지만 놓기도 한다.
- 나물 : 고사리, 도라지, 시금치, 콩나물 등 세 가지 또는 다섯 가지를 그릇 소복이 담는다.
- 편 : 떡을 말하며, 시루편을 얇게 하여 편 틀에 괴고 화전, 주악 등을 웃기 떡으로 하여 장식한다.
- 식혜 : 식혜밥만을 소복이 담고 대추를 위에 얹는다.
- 숙과 : 강정류, 다식류, 전과 등을 쓴다. 제상에는 깨강정, 흑임자강정 등을 쓴다.
- 제주 : 술을 말하며, 대개는 약주를 쓴다.
- 기타 : 강정, 다식, 전과, 약과, 밤, 대추, 곶감, 사과, 배를 놓는다. 복숭아는 놓지 않는다. 종지에 간장, 초, 꿀을 담고 대접에 시접을 놓는다.

>> 진설법

- 홍동백서(紅東白西) : 붉은 과일(사과, 곶감, 대추)은 동쪽, 흰것(배, 밤)은 서쪽에 놓고, 밤, 대추,

배, 곶감, 유과, 다식, 정과를 3, 5, 7의 수로 배열한다.
- 어동육서(魚東肉西) : 적(炙)과 생선은 동쪽에, 쇠고기나 돼지고기는 서쪽에 놓는다.
- 두동미서(頭東尾西) : 생선의 머리쪽이 동쪽으로 오게 담는다.
- 좌포우혜(左脯右醯) : 포는 왼쪽, 식혜는 오른쪽에 놓는다. 신위를 중심으로 첫 줄의 양편에 촛대를 놓고 촛대 앞에 삶은 국수를 놓는다.

4 한국 음식의 식사 예절

예절이란 일정한 생활 문화권에서 오랜 관습을 통하여 하나의 공통된 생활 방법으로 정립된 사회적인 생활 규범이다. 나라와 민족, 지역에 따라 다르고 시대에 따라서 변한다.

■ 식사 전 예법
몸을 깨끗이 하고 음식을 대해야 한다.

■ 식사 중 예법
- 식사 중에 자리를 떠나지 않는다.
- 식사 중에 지나치게 말을 많이 하지 않는다.
- 어른이 먼저 수저를 든 다음에 아랫사람이 들도록 한다.
- 멀리 있는 음식은 사양하고 가까이에 있는 음식을 주로 먹는다.
- 숟가락과 젓가락을 한손에 들지 않도록 하고 따로따로 사용한다.
- 숟가락이나 젓가락을 그릇에 걸치거나 얹어 두어서는 안된다.
- 수저에 음식이 끼이지 않도록 깨끗이 먹는다.
- 밥그릇이나 국그릇을 들고 먹지 않는다.
- 밥을 먹기 시작할 때 숟가락으로 국물을 먼저 떠먹고 밥이나 반찬을 먹는다.
- 음식을 먹으면서 소리를 내거나 부주의하여 수저가 부딪치는 소리를 내는 것은 좋지 않다. 고기의 뼈, 생선가시, 음식물 등의 이물질은 눈에 안 띄는 곳에 놓는다.
- 수저로 밥이나 반찬을 뒤적거리거나 헤집지 않도록 하며 먹지 않는 것을 골라 내거나 양념을 떨어 내고 먹지 않는다.
- 먹는 도중 수저에 음식이 묻어서 남아 있지 않도록 하고 밥그릇은 가장 나중에 숭늉을 넣어 깨끗하게 비운다.
- 식사 중에는 어른이 묻는 말에 대답하되, 이외의 공연한 잡담은 하지 않는다.
- 여럿이 함께 먹는 음식은 각자 접시에 덜어 먹는다.
- 너무 급하게 먹거나 천천히 먹는 것도 예의에 어긋나는 일이므로 같이 먹는 사람들과 속도를 맞추도록 한다.

- 음식을 다 먹은 후에는 수저를 처음 위치에 가지런히 놓는다.

■ 식사 후 예절

식사가 끝나면 수저를 정돈하되 상 밖에 나오지 않도록 하여야 한다. 이빨 사이에 낀 이물질은 없애고 입냄새도 제거하여야 한다.

■ 남과 음식을 먹을 때의 예절

- 자기가 먹고 싶은 음식이 먹기 거북한 곳에 있다 하더라도 자기 앞으로 당기지 않는다.
- 한 상을 받았을 때 자기 몫을 다 먹고 나서 상대방의 먹던 것을 더 먹지 않는다.
- 혐오스러운 이야기나 남의 흉을 보지 않는다.
- 식사를 끝내기 전에 급하더라도 화장실에 가지 않는다.
- 싫어하는 음식이 나오거나 입맛에 맞는 음식이 없을 때 물이나 국에 말아 먹지 않는다.
- 상대방을 향해 재채기나 트림을 하지 않는다.

01

오이소박이, 느타리버섯전골(느타리버섯나물), 더덕생채, 북어양념구이, 쇠고기장조림

시험시간 **1시간 50분**

Check point
(2000. 10. 13 / 2005. 9. 26 시행)

① 오이소박이의 길이는 6cm 정도로 하며, 소를 만들 때 부추의 길이는 0.5cm로 한다. 완성된 오이소박이는 3개 제출하시오.
② 느타리버섯전골은 재료의 길이를 5cm로 썰고, 각종 버섯과 재료들을 돌려 담은 후 육수를 6부 정도 부어 제출하시오.
③ 느타리버섯나물은 재료를 길이로 찢어 사용하고, 볶아서 그릇에 담아 제출하시오.
④ 더덕생채에서 더덕은 두들겨 펴서 부스러지지 않도록 가늘고 길게 찢어 양념하여 제출하시오.
⑤ 북어양념구이는 6cm 길이로 잘라 양념구이해서 지급된 재료 전량을 제출하시오.
⑥ 쇠고기장조림은 고기를 삶아서 5cm 크기로 찢어 다른 지급된 재료와 같이 윤기나게 조려 제출하시오.
⑦ 문제의 요구 사항대로 작품의 수량이 만들어지지 않을 경우 실격 처리됩니다.
⑧ 해당 과제의 지급 재료 외의 재료를 사용할 경우 득점에 관계없이 오작 처리됩니다.

오이소박이

재 료
오이 1개, 소금 약간

소 양념
부추 20g, 파 1/2뿌리, 마늘 2쪽, 생강 1/2쪽, 고춧가루·물 약간씩

만드는법

1. 파, 마늘, 생강은 다진다.
2. 오이는 6cm 길이로 잘라 양끝 1cm를 남기고 열십자로 칼집을 넣어 소금물에 절인다.
3. 부추는 0.5cm 길이로 송송 썰어 양념 소를 만든다.
4. 절여진 오이는 면보를 이용해서 물기를 꼭 짠 다음 칼집 사이에 소를 고루 넣는다.
5. 소를 버무린 그릇에 소금을 약간 넣고 물을 부어 국물을 만들어 완성품 위에 부어 낸다.

Note

오이가 덜 절여지면 소를 채워 넣을 때 끝이 갈라지므로 주의하여야 한다.

느타리버섯전골

재 료
느타리 60g, 팽이 40g, 건표고 20g, 건목이 20g, 양송이 50g, 쇠고기 90g, 양파 1/4개, 쪽파 3뿌리, 배추 3잎, 쑥갓 2잎, 청고추 1개, 홍고추 1개, 무 100g, 호박 50g, 다시마 10g, 다시용 멸치 20g

고기 양념
간장 1/2작은술, 참기름 1/2작은술, 설탕 1/2작은술, 소금·마늘·파·깨소금·후춧가루 약간씩

만드는법

1. 느타리와 팽이는 굵게 찢어 놓고, 표고와 목이는 불려서 굵게 채썬다.
2. 양송이는 모양을 살려 편썰기한다.
3. 쪽파는 5cm의 길이로 썰고, 양파·무·배추·호박은 채썬다.
4. 홍고추·청고추는 어슷썰기하며, 쑥갓은 깨끗이 다듬어 사용한다.
5. 쇠고기는 절반 정도만 양념한다.
6. 쇠고기, 다시마, 무, 멸치를 넣고 육수를 만든 후 간장과 소금으로 간한다.
7. 냄비에 배추와 무를 깔고 가운데 양념한 고기를 놓고 그 주위에 각종 버섯과 재료들을 돌려 담은 후 육수를 7부 정도 붓는다.

Note
버섯전골은 채소와 버섯류에서 수분이 많이 빠져 나오므로 육수는 냄비의 6부 정도만 붓고 끓인다. 또한 떡국이나 당면을 곁들이면 수분은 어느 정도 흡수된다.

느타리버섯나물

재 료
느타리버섯 140g, 쇠고기 40g, 청고추·홍고추 1개씩

고기 양념
간장 1/2작은술, 참기름 1/2작은술, 설탕 1/2작은술, 소금·마늘·파·깨소금·후춧가루 약간씩

전체 양념
참기름 1작은술, 깨소금·소금·다진파·다진마늘 약간씩

만드는법

1. 느타리버섯은 길이로 찢어 소금물에 데친 후 물기를 빼준다.
2. 쇠고기는 0.2cm×0.2cm×5cm의 크기로 채썰어 양념한다.
3. 고추는 쇠고기의 크기와 동일하게 채썬다.
4. 달군 프라이팬에 1, 2, 3을 각각 볶아 식힌 후 볶은 재료에 전체 양념을 넣고 다시 무쳐 접시에 담는다.

Note
버섯류를 조리할 때에는 자체의 독특한 맛이 빠지지 않도록 조리하는 것이 중요하므로 너무 오랫동안 익히는 것은 금물이다.

더덕생채

재 료
더덕 150g, 소금 약간

양념장
고운 고춧가루 1/2큰술, 고추장 1/2큰술, 설탕 1/2큰술, 식초 1/2큰술, 다진파 1작은술, 다진마늘 1/2작은술, 깨소금 1/2작은술

만드는 법

1. 더덕은 껍질을 돌려가며 벗긴 후 반으로 갈라 소금물에 담가 쓴맛을 우려 낸다.
2. 물기를 없애고 방망이로 민 다음, 가늘게 찢어 고운 고춧가루로 묻혀 둔다.
3. 더덕에 양념장을 넣어 무친다.

Note
더덕과 같이 쓴맛이 있는 식품은 설탕을 넣으면 쓴맛을 줄일 수 있으며, 생채는 물이 생기지 않도록 내기 직전에 양념하여 무친다.

북어양념구이

재 료
건북어포 1마리, 실고추·파 약간씩

유 장
간장 1큰술, 참기름 1큰술, 물 1큰술

양념장
고추장 2큰술, 다진파 10g, 다진마늘·다진생강 1작은술, 후춧가루·깨소금·소금·설탕·참기름·간장 약간씩

만드는 법

1. 북어는 물에 잠깐 불려 물기를 닦은 다음 방망이로 두들겨 부드럽게 한 뒤 뼈, 대가리, 지느러미, 꼬리를 제거하고 6cm 길이로 자른다.
2. 북어 중간에 칼집을 넣은 후 유장에 재운다.
3. 석쇠에 기름을 발라서 달군 후 북어를 애벌구이한 다음 양념장을 발라가며 앞뒤 타지 않게 굽는다. 그 위에 통깨를 뿌려 낸다.

Note
북어 전처리 시에는 칼집을 넣어 조리 후 수축이 최소화되도록 하고, 토막낼 때 꼬리쪽 부분은 몸통 부분보다 약간 길게 토막을 낸다.

쇠고기장조림

재료
쇠고기(홍두깨살) 200g, 통마늘 150g, 메추리알 6개, 꽈리고추 50g

향미 채소
대파 1대, 생강 1톨, 건고추 1개, 통후추·마늘 약간씩

조림장
간장 3큰술, 설탕 3큰술, 육수 3컵, 참기름·통깨 약간

만드는 법

1. 쇠고기는 찬물에 담가 핏물을 뺀 다음 끓는 물에 향미 채소를 같이 넣고 꼬챙이로 찔렀을 때 핏물이 나오지 않을 정도로 무르게 삶아서 결대로 찢어 놓는다.
2. 육수는 식혀서 면보에 밭쳐 기름을 제거한다.
3. 메추리알은 삶아서 껍질을 벗긴다.
4. 꽈리고추에 이쑤시개로 구멍을 낸다.
5. 조림장을 먼저 끓인 후 찢은 고기를 넣고 조리다 삶은 메추리알을 넣고 조린 후 꽈리고추와 통마늘을 넣고 조림장을 끼얹어 가며 조리다 불에서 내린다.

Note

장조림을 만들 때는 고기를 덩어리째 부드럽게 삶은 다음 간장을 넣고 조린다. 처음부터 간장을 넣고 조리면 고기가 익기도 전에 염분이 침투되어 딱딱해지고 수축되므로 유의한다.

02
무나물, 감자조림, 너비아니구이, 풋고추전, 북어보푸라기

시험시간
1시간 40분

Check point
(2000. 10. 14 시행)

① 무나물은 길이 6cm, 굵기 0.3cm로 결대로 채를 썰어 볶아 제출하시오.
② 감자조림의 감자는 밤 크기로 썰어 모서리를 둥글게 다듬어 윤기나게 조려 제출하시오.
③ 너비아니구이의 구워진 크기는 4cm×5cm×0.5cm로 석쇠를 이용하여 굽고, 색깔에 유의하며, 지급된 재료 전량 제출하시오.
④ 풋고추전은 5cm 정도의 길이로 데쳐서 사용하고, 고추의 파란 면이 깨끗해야 하며, 반 자른 고추전 6개를 초간장과 같이 제출하시오.
⑤ 북어보푸라기는 삼색의 구분이 뚜렷하고, 분할된 상태가 일정하며, 색에 유의하여 제출하시오.
⑥ 문제의 요구 사항대로 작품의 수량이 만들어지지 않을 경우 실격 처리됩니다.
⑦ 해당 과제의 지급 재료 외의 재료를 사용할 경우 득점에 관계없이 오작 처리됩니다.

무나물

재료

무 250g, 소금 1/2작은술, 다진파 1작은술, 다진마늘 1/2작은술, 깨소금 1/2작은술, 참기름 1작은술, 식용유 1큰술, 실고추 약간

 만드는법

1. 무는 씻어서 길이 6cm, 굵기 0.3cm로 결대로 채썰어 소금에 살짝 절여 물기를 제거한다.
2. 냄비에 식용유를 두르고 채썬 무를 넣고 볶다가 물을 약간 부어 무가 부드럽게 익으면 파, 마늘, 소금을 넣어 약한 불에서 은근히 익힌다.
3. 무나물이 익으면 깨소금과 참기름, 실고추를 넣어 고루 섞은 다음 국물과 함께 담는다.

 ote

무나물은 낮은 온도에서 오래 볶고 은근히 익혀야 간이 잘 배고, 기름 막이 돌아야 맛이 있다.

참기름 대신 들기름을 넣기도 한다.

감자조림

재 료
감자 250g, 쇠고기 50g,
풋고추 1개, 실고추 약간

조림장
간장 3큰술, 설탕 2큰술,
다진파 · 다진마늘 · 참기름
· 후춧가루 약간씩

만드는 법

1. 감자는 껍질을 벗기고 밤 크기로 썰어 모서리를 둥글게 다듬어 물에 데친다.
2. 쇠고기는 1cm×3cm로 썰어 양념한 후 참기름을 두르고 프라이팬에 살짝 볶는다.
3. 풋고추는 어슷하게 썬다.
4. 조림장을 끓인 다음 감자와 쇠고기를 넣고 조리다가 감자가 갈색으로 조려지면 풋고추를 넣고 잠시 더 조린 후 참기름을 넣는다. 불을 끈 후 실고추를 올린다.

Note
감자, 우엉, 연근은 갈변하므로 설탕물, 식초물, 소금물에 담근다. 감자를 먼저 간장에 절였다가 조리면 감자가 익으면서 부서지는 것을 막을 수 있다.

너비아니구이

재 료
쇠고기 100g

양념장
배 30g, 양파 20g, 간장 1큰술, 후춧가루·설탕·소금·다진파·다진마늘·깨소금·참기름 약간씩

만드는 법

1. 쇠고기는 기름기를 제거하고 6cm×7cm×0.2cm 정도로 썬 후 칼등으로 자근자근 두드려 중간중간에 칼집을 넣는다.
2. 양념장에 고기를 재운다.
3. 석쇠에 기름을 발라 뜨겁게 달군 후 양념한 고기를 올려 타지 않게 굽는다.

Note

약한 불에서 너무 오래 구우면 수분이 날아가 질기고 맛이 없다. 석쇠에 구울 때는 처음엔 센 불에 구워서 표면을 익히고 불을 낮추어 속을 익힌다.

풋고추전

재 료
풋고추 2개, 밀가루 15g, 달걀 1개, 식용유 약간

소
쇠고기 30g, 두부 10g

고기·소 양념
다진파·다진마늘·후춧가루·소금·깨소금·설탕·참기름 약간씩

초간장
간장 1큰술, 식초 1/2큰술, 설탕 1/2큰술

만드는법

1. 고추는 반으로 잘라 씨를 털어 내고 5cm 길이로 썰어 끓는 물에 소금을 넣고 파랗게 데친다.
2. 쇠고기는 곱게 다지고, 두부는 면보에 넣어 물기를 뺀 후 칼 옆면으로 곱게 으깨어 쇠고기와 혼합한 후 양념을 넣고 잘 치대어 반죽한다.
3. 고추 안쪽에 밀가루를 묻혀 양념한 고기를 넣고 편편하게 채운다.
4. 소를 넣은 쪽에 밀가루를 묻히고 달걀물을 씌워 프라이팬에 고추의 밑부분을 지진다.
5. 풋고추전을 초간장과 같이 제출한다.

Note
풋고추는 데치지 않고 안쪽에 소금을 약간 뿌려 두었다가 사용해도 좋다. 속을 너무 많이 넣지 않아야 지져 낸 후의 모양이 깔끔하다.

북어보푸라기

재 료
북어포 1마리, 고춧가루·설탕·소금·깨소금·간장·참기름 약간씩

만 드 는 법

1. 북어는 머리를 떼어 내고 뼈와 잔가시를 발라 낸 다음 숟가락으로 긁거나 강판에 갈아 보푸라기로 만든다.
2. 먼저 설탕과 참기름, 깨소금으로 양념하여 보슬보슬하게 무친다.
3. 무친 보푸라기를 3등분하여 소금, 고춧가루, 간장으로 각각 양념하여 비벼서 또다시 보슬보슬하게 무친다.
4. 삼색(소금색, 고춧가루색, 간장색)의 북어보푸라기를 한 접시에 모양 내어 담아 낸다.

Note
모양을 낼 때 두 손 사이에 놓고 누르지 않도록 성형한 후 그릇에 담는다. 얇은 젓가락을 사용하여 윗부분을 살살 펴 주며 솜처럼 만든다.

03
더덕생채, 생선양념구이, 탕평채, 호박전, 호두조림

시험시간
1시간 40분

Check point
(2000. 10. 15 시행)

① 더덕생채에서 더덕은 두들겨 펴서 부스러지지 않도록 가늘고 길게 찢어 양념하여 제출하시오.
② 생선양념구이의 생선은 머리를 제거하지 않아야 하며 배를 가르지 않고 내장을 꺼낸 후 완전한 형태의 생선으로 구워야 하며, 담을 때 담는 방향을 고려하여 제출하시오.
③ 탕평채의 청포묵의 크기는 0.4cm×0.4cm×7cm로 썰고, 모든 부재료의 길이는 4~5cm로 완성하여 제출하시오.
④ 호박전의 호박의 크기는 둥글게 0.5cm 두께로 썰며, 5개의 완성품과 초간장을 같이 제출하시오.
⑤ 호두조림은 호두가 부스러지지 않도록 하여 윤기나게 조려 주어진 재료 전량을 제출하시오.
⑥ 문제의 요구 사항대로 작품의 수량이 만들어지지 않을 경우 실격 처리됩니다.
⑦ 해당 과제의 지급 재료 외의 재료를 사용할 경우 득점에 관계없이 오작 처리됩니다.

더덕생채

재료
더덕 150g, 소금 약간

양념장
고운고춧가루 1/2큰술, 고추장 1/2큰술, 설탕 1/2큰술, 식초 1/2큰술, 다진파 1작은술, 다진마늘 1/2작은술, 깨소금 1/2작은술

만드는법

1. 더덕은 껍질을 돌려가며 벗긴 후 반으로 갈라 소금물에 담가 쓴맛을 우려 낸다.
2. 물기를 없애고 방망이로 민 다음, 가늘게 찢어 고운 고춧가루로 묻혀 둔다.
3. 더덕에 양념장을 넣어 무친다.

Note

더덕과 같이 쓴맛이 있는 식품은 설탕을 넣으면 쓴맛을 줄일 수 있으며, 생채는 물이 생기지 않도록 내기 직전에 양념하여 무친다.

생선양념구이

재료
조기 1마리

유장
참기름 1큰술, 간장 1작은술

양념장
고추장 2큰술, 다진파·다진마늘·생강·후춧가루·소금·설탕·참기름·간장·물 약간씩

만드는법

1. 생선은 아가미 쪽으로 내장을 제거한 후 양쪽에 2cm 간격으로 어슷하게 3번 칼집을 넣고 소금을 뿌려 둔다.
2. 생선에 유장을 바른 후 재워 두고, 양념장을 만든다.
3. 석쇠에 기름을 발라 뜨겁게 달군 후 고기를 놓고 타지 않게 애벌구이 한다. 양념장을 애벌구이한 생선에 바른다. 다시 석쇠에 기름을 바르고 뜨겁게 한 후 양념장을 바른 고기를 타지 않게 굽는다.
4. 머리는 왼쪽, 꼬리는 오른쪽, 배가 앞쪽으로 가도록 접시에 담는다.

Note
유장에 재운 생선은 거의 익혀야 고추장 양념을 발라 구울 때 타지 않고 빨리 구울 수 있다.

탕평채

재료
청포묵 150g, 숙주 20g, 미나리 8줄기, 쇠고기 20g, 달걀 1개, 김 1/2장

초간장
간장 1작은술, 식초 1/2작은술, 설탕 1/2작은술

양념장
간장 1작은술, 설탕 1작은술, 다진파·다진마늘·깨소금·참기름·후춧가루 약간씩

만드는 법

1. 숙주는 거두절미하고, 미나리는 뿌리와 잎을 떼어 내어 끓는 물에 소금을 넣고 데쳐 4cm 길이로 썬다.
2. 청포묵은 0.4cm×0.4cm×7cm로 채썰어 데친 후 소금, 참기름에 무쳐 둔다.
3. 쇠고기는 가늘게 채썰어서 양념해 둔다.
4. 달걀은 황·백 지단을 부쳐서 0.2cm×0.1cm×4cm 길이로 채썰어 둔다.
5. 프라이팬에 기름을 둘러 쇠고기는 볶고, 숙주·미나리·청포묵은 초간장으로 버무리고, 김은 구워서 잘게 부순다.
6. 그릇에 탕평채를 담고 김과 황·백 지단 고명을 얹어서 낸다.

Note
청포묵이 서로 달라 붙지 않도록 하고 양념장으로 무칠 때 색이 너무 진해지거나 부서지지 않도록 주의한다.

호박전

재료
애호박 1/2개, 홍고추 1개, 달걀 1개, 밀가루·소금·식용유 약간씩

초간장
간장 1큰술, 식초 1/2큰술, 설탕 1/2작은술, 잣가루 1/4작은술

만드는 법

1. 애호박은 0.5cm 정도의 두께로 썰어 소금에 온전히 절인 다음 10분 정도 후에 물기를 닦는다.
2. 홍고추는 씨와 속을 뜯어 내고 꽃모양을 만든다.
3. 밀가루를 묻히고 달걀을 씌워 달구어진 프라이팬에 기름을 두르고 노릇노릇하게 지지면서 2를 올려 지진다.
4. 초간장을 곁들여 낸다.

Note

호박은 버섯, 새우, 잔멸치와 잘 어울리므로 전을 부칠 때 소로 이용하면 영양소를 골고루 섭취할 수 있다. 호박전은 여러 번 뒤집으면 모양이 흐트러지므로 한번에 완전히 익힌 다음 한 번만 뒤집도록 한다.

호두조림

재 료
호두 200g, 잣 1큰술, 참기름 1작은술

조림장
간장 3큰술, 물엿 2큰술, 설탕 1큰술, 물 1/2컵

만드는 법

1. 호두는 따뜻한 식초물에 불려 부서지지 않도록 꼬챙이로 속껍질을 벗긴다.
2. 속껍질을 벗긴 호두에 조림장을 넣어 중간불에서 조린다.
3. 조린 호두에 잣을 넣고 물엿을 넣어 다시 한번 더 조린 후 참기름으로 마무리한다.

Note

호두는 강도, 감추자, 추자, 핵도 등으로 불리우며, 무기질과 비타민 B_6가 풍부해서 강장 효과와 노화 방지에 좋다.

04
두부조림, 탕평채, 오이숙장아찌, 깻잎전, 파강회

시험시간
1시간 50분

Check point
(2001. 11. 5 / 2005. 9. 27 시행)

① 두부조림은 3cm×4.5cm×0.8cm 크기로 하며, 부서지지 않고 질기지 않게 하여 완성품을 5개 제출하시오.
② 청포묵은 0.4cm×0.4cm×7cm로 채썰고, 모든 부재료는 4~5cm로 썰어 초간장에 무쳐 제출하시오.
③ 오이숙장아찌의 오이는 0.5cm×0.5cm×5cm가 되게 하고, 쇠고기와 표고버섯은 0.3cm×0.3cm×4cm로 채썰고, 무친 상태를 깨끗히 하여 50g 이상 제출하시오.
④ 깻잎전은 전 5개와 초간장을 곁들여 제출하시오.
⑤ 파강회는 재료를 0.3cm×0.3cm×4cm 크기로 준비하여, 모든 재료를 말아서 초고추장과 함께 9개 제출하시오.
⑥ 문제의 요구 사항대로 작품의 수량이 만들어지지 않을 경우 실격 처리됩니다.
⑦ 해당 과제의 지급 재료 외의 재료를 사용할 경우 득점에 관계없이 오작 처리됩니다.

두부조림

재료
두부 1/2모, 소금 1/4작은술, 파 1/4대, 실고추·식용유 약간씩

조림장
간장 1큰술, 설탕 1작은술, 다진파 1작은술, 다진마늘 1/2작은술, 통깨 1/2작은술, 참기름 1/2작은술, 후춧가루 약간, 물 1/4컵

만드는법

1. 두부는 3cm×4.5cm×0.8cm의 직사각형 모양으로 일정하게 썬 후 소금을 뿌린다.
2. 두부의 물기를 제거한 후 프라이팬에 기름을 두르고 뜨거워지면 두부를 앞뒤로 노릇노릇하게 지져 낸다.
3. 냄비에 두부를 넣고 조림장을 부어 천천히 조리다 두부가 어느 정도 조려지면 파채, 실고추를 올린 후 잠시 뚜껑을 덮었다가 꺼낸다.
4. 완성된 두부를 살짝 겹쳐서 담고 조림할 때 남은 국물을 촉촉하게 끼얹어 낸다.

두부조림은 중간 중간에 양념장을 골고루 끼얹어 가며 조려야 윤기나게 조려진다.

탕평채

재료
청포묵 150g, 숙주 20g,
미나리 8줄기, 쇠고기 20g,
달걀 1개, 김 1/2장

초간장
간장 1작은술, 식초 1/2작은술, 설탕 1/2작은술

양념장
간장 1작은술, 설탕 1작은술,
다진파·다진마늘·깨소금·
참기름·후춧가루 약간씩

만드는 법

1. 숙주는 거두절미하고, 미나리는 뿌리와 잎을 떼어 내어 끓는 물에 소금을 넣고 데쳐 4cm 길이로 썬다.
2. 청포묵은 0.4cm×0.4cm×7cm로 채썰어 데친 후 소금, 참기름에 무쳐 둔다.
3. 쇠고기는 가늘게 채썰어서 양념해 둔다.
4. 달걀은 황·백 지단을 부쳐서 0.2cm×0.1cm×4cm 길이로 채썰어 둔다.
5. 프라이팬에 기름을 둘러 쇠고기는 볶고, 숙주·미나리·청포묵은 초간장으로 버무리고, 김은 구워서 잘게 부순다.
6. 그릇에 탕평채를 담고 김과 황·백 지단 고명을 얹어서 낸다.

Note
청포묵이 서로 달라 붙지 않도록 하고 양념장으로 무칠 때 색이 너무 진해지거나 부서지지 않도록 주의한다.

오이숙장아찌

재료
오이 1개, 쇠고기 25g, 건표고 1장, 실고추·소금·식용유 약간씩

양념장
간장 1큰술, 설탕 1큰술, 후춧가루·깨소금·참기름·다진파·다진마늘 약간씩

 만드는법

1. 오이는 깨끗이 씻어 0.5cm×0.5cm×5cm 정도 크기로 썰어 소금에 절인다.
2. 건표고는 미지근한 물에 불린 후 채썰어 양념장으로 무친다.
3. 쇠고기는 0.3cm×0.3cm×4cm 정도로 썰어 양념장으로 무친다.
4. 프라이팬에 기름을 두르고 오이, 표고, 쇠고기 순으로 각각 따로 볶는다.
5. 볶아 낸 채소와 고기를 실고추, 깨소금, 참기름, 설탕을 약간 넣고 무친 다음 접시에 담아 낸다.

 ote

오이숙장아찌는 각각 따로 조리하여 무치는 방법으로 재료의 색을 조화롭게 담아 낸다.

깻잎전

재료
깻잎 30g, 쇠고기 60g, 두부 30g, 달걀 1개, 밀가루 약간

소 양념
소금 1/2작은술, 설탕·다진파·다진마늘·깨소금·참기름·후춧가루 약간씩

초간장
간장 1큰술, 식초 1작은술, 설탕 1작은술

만드는 법

1. 깻잎은 일정한 크기를 준비하여 깨끗이 씻어서 물기를 제거한다.
2. 두부는 으깨고, 쇠고기는 다져서 두부와 섞어서 소 양념을 한다.
3. 준비한 깻잎 안쪽에 밀가루를 묻힌 다음 소를 얄팍하게 넣고 반으로 접는다.
4. 3에 밀가루를 묻히고 달걀물을 씌워서 프라이팬에 지져 내어 초간장과 곁들여 낸다.

Note
깻잎은 너무 오래 지지지 말고 빛이 파래지면 내도록 한다. 너무 크지 않은 것을 골라 쓴다.

파강회

재료
쪽파 50g, 달걀 2개, 다홍고추 1개, 쇠고기(양지머리) 80g

초고추장
고추장 3큰술, 식초 2큰술, 청주 1작은술, 물엿 1/2큰술, 설탕 1큰술, 다진마늘 1작은술, 다진생강 1/4작은술

만드는법

1. 쇠고기는 향미 채소(파, 생강, 마늘, 고추 등)를 넣고 삶아서 편육을 만든다.
2. 쪽파는 다듬어 씻어 끓는 물에 소금을 약간 넣고 파랗게 데친다.
3. 달걀은 도톰하게 지단을 부쳐서 0.3cm×0.3cm×4cm로 굵게 채썰어 놓는다.
4. 홍고추, 편육은 지단 길이와 같은 크기로 채썬다.
5. 실파를 한 가닥만 들고 고추, 지단, 편육을 순서대로 보기 좋게 세워서 말아 준다.
6. 접시에 모양 내어 담아 초고추장과 같이 곁들여 낸다.

Note
강회로 쓰이는 주재료는 미나리, 실파가 대표적이다. 실파나 연한 미나리를 파랗게 데쳐 길이로 가늘게 찢어 물기를 제거하고, 지단·편육·버섯 등을 가늘게 채썰어 말아 초고추장과 찍어 먹는 술안주 음식의 하나이다.

05
삼색밀쌈, 호박죽, 나박김치, 도라지생채, 대합찜

시험시간
1시간 50분

Check point
(2001. 11. 5 시행)

❶ 삼색밀쌈은 2cm×4cm 크기로 각 색상별로 3개씩과 겨자초간장을 곁들여 제출하시오.
❷ 호박죽은 농도를 맞추어 죽 그릇에 담아 제출하시오.
❸ 나박김치의 재료는 2.5cm×2.5cm×0.2cm의 일정한 크기로 썰고, 건더기의 양은 60g, 김치국물의 양은 200mL를 제출하시오.
❹ 도라지생채의 도라지는 0.3cm×0.3cm×6cm 크기로 다듬고 쓴맛을 뺀 다음 무쳐 제출하시오.
❺ 대합찜은 속을 잘 익히고 5가지 고명을 올려 완성품을 2개 제출하시오.
❻ 문제의 요구 사항대로 작품의 수량이 만들어지지 않을 경우 실격 처리됩니다.
❼ 해당 과제의 지급 재료 외의 재료를 사용할 경우 득점에 관계없이 오작 처리됩니다.

삼색밀쌈

재료
쇠고기(우둔) 80g, 표고버섯 5장, 오이 200g, 당근 60g, 죽순 60g, 청고추 2개, 소금·식용유·참기름 약간

고기·표고 양념
간장 1큰술, 설탕 1작은술, 다진파 1작은술, 다진마늘 1/2작은술, 깨소금 1작은술, 참기름 1작은술, 후춧가루 약간

당근 전병
밀가루 1/2컵, 당근즙 1/4컵, 소금 1/3작은술

시금치 전병
밀가루 1컵, 시금치즙 1/4컵, 소금 1/3작은술

밀전병
밀가루 1/2컵, 물 1/4컵, 소금 1/3작은술

겨자 초간장
발효겨자 1/2작은술, 간장 1큰술, 식초 1/2큰술, 설탕 1/2작은술, 물 1큰술

만드는 법

1. 오이는 5cm 길이로 돌려깎아 채썰고 소금에 절여 물기를 뺀 후 프라이팬에 살짝 볶는다.
2. 당근, 죽순, 청고추는 5cm 길이로 채썰어 소금, 참기름으로 볶는다.
3. 쇠고기는 결대로 채썰고, 표고버섯은 물에 불려 곱게 채썬 후 양념하여 볶는다.
4. 밀가루에 소금과 물을 넣고 당근즙, 시금치즙을 만들어 체에 내려 세 가지 색으로 만든다.
5. 프라이팬에 세 가지 색의 밀전병을 얇게 부친다.
6. 밀전병에 준비한 소를 가지런히 놓고 지름이 2cm 되도록 단단하게 말아 4cm 길이로 썬다.
7. 겨자는 발효시켜 겨자 초간장을 만든다.
8. 접시에 밀쌈을 보기 좋게 담고 겨자 초간장을 곁들여 낸다.

호박죽

재 료
단호박 1/2개, 찹쌀가루 1/2컵, 설탕 1큰술, 소금 1작은술, 불린 땅콩 2큰술, 밤 4개

만드는법

1. 단호박은 껍질을 벗기고 속의 씨를 제거한 후 적당한 크기로 잘라 삶고, 밤과 불린 땅콩도 껍질 벗겨 각각 삶는다.
2. 물 1컵을 넣고 삶은 호박을 체에 내리면서 으깨어 끓인다.
3. 찹쌀가루에 물을 넣어 혼합한다.
4. 2가 끓기 시작하면 찹쌀가루물을 조금씩 저으면서 넣는다.
5. 죽이 거의 되면 푹 삶은 땅콩과 밤을 같이 넣어 끓인다.
6. 내리기 직전에 설탕과 소금으로 간한다.

Note

호박죽의 농도는 조르륵 흘러야 하며, 풀처럼 뚝뚝 떨어지면 안 된다. 단호박을 쓸 경우에는 설탕의 양을 줄인다.

찹쌀가루 대신 녹말을 넣어 농도를 내는 경우도 있는데, 맛은 찹쌀가루가 더 좋다.

나박김치

재 료
배추 50g, 무 50g, 배 30g, 실파 1줄기, 미나리 2줄기, 실고추 약간

김치국물 양념
다진마늘·다진생강·고춧가루·소금 약간씩

1. 무와 배추는 씻어서 소금에 살짝 절이고, 배는 껍질을 깎아서 2.5cm×2.5cm×0.2cm의 크기로 썬다.
2. 미나리와 실파는 다듬어서 2.5cm 길이로 썬다.
3. 고춧가루는 면보에 싸서 물에 불려 붉은색이 나도록 우려 내어 김치국물 양념을 만든다.
4. 1, 2, 3을 가볍게 섞는다.
5. 건더기 60g, 김치국물 1컵이 되도록 담고 제출하기 직전에 실고추를 띄워 낸다.

나박김치는 국물김치의 대표적인 것으로 무나 배추를 나박나박하게 썰었다하여 붙여진 이름이며, 주로 교자상, 떡상, 죽상 차림에 올린다. 김치를 급히 익히려면 소금물을 끓여서 조금만 식혀 부으면 바로 익힐 수 있다.

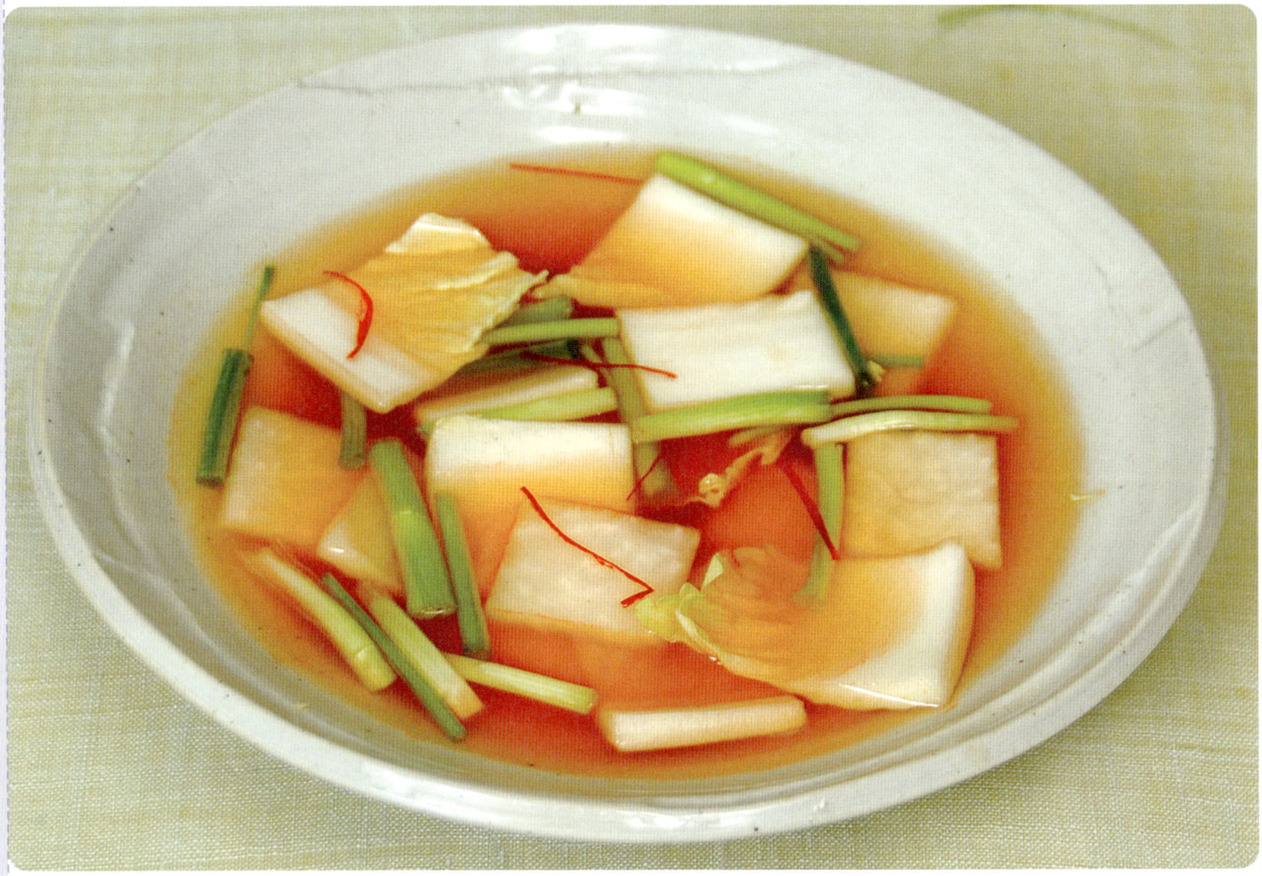

도라지생채

재료
통도라지 100g, 소금 1큰술

양념장
고추장 1/2큰술, 고운 고춧가루 1/2작은술, 설탕 1작은술, 식초 1작은술, 다진파 1/2작은술, 다진마늘 1/2작은술, 깨소금 1/2작은술

만드는 법

1. 도라지는 껍질을 벗겨 0.3cm×0.3cm×6cm 크기로 썬다. 소금으로 문질러 씻어 쓴맛을 제거하고 면보로 눌러 물기를 제거한다.
2. 내기 직전에 도라지에 양념이 배도록 고루 무친다.
3. 완성품을 보기 좋게 접시에 소복이 담아 낸다.

Note
도라지는 쓴맛이 많이 나므로 찬물에 담가 아린 맛을 우려 내고 소금으로 주물러 씻는다.

대합찜

재 료
대합 2개, 쇠고기 60g, 두부 30g, 붉은고추 1개, 풋고추 1개, 석이버섯 5장, 달걀 2개, 밀가루·식용유 약간씩

양 념
소금 2/3작은술, 다진파 1큰술, 다진마늘 1/2큰술, 생강즙 1/2작은술, 깨소금 1작은술, 참기름 1작은술, 후춧가루 약간

만드는법

1. 대합은 소금으로 문질러 씻는다.
2. 냄비에 물 1컵을 넣고 끓으면 대합을 넣는다. 대합의 입이 벌어지면 건져서 살을 떼어 낸 후 잘게 썰고 대합 껍질은 깨끗이 씻어 놓는다.
3. 두부는 으깨고, 쇠고기는 곱게 다져 대합살과 섞어 양념한다.
4. 대합 껍질 안쪽에 식용유를 바르고 밀가루를 발라 양념한 대합살을 담고 밀가루를 바른 후 달걀물을 입혀 찜솥에서 15분간 찐다.
5. 고추는 반으로 갈라 씨를 뺀 다음 곱게 다져서 살짝 볶아 소금과 참기름으로 간을 하고, 달걀은 삶아 황·백으로 나누어 체에 내린다. 석이버섯은 곱게 다져 소금, 참기름을 넣고 살짝 볶는다.(요구 사항에 재료를 다지기인지, 채썰기인지 확인한 후 조리한다.)
6. 찐 대합 위에 풋고추, 붉은고추, 석이버섯, 황·백 지단을 고명으로 얹는다.

06
북어보푸라기, 표고전, 잡채, 두부선, 애탕국

시험시간 **2시간**

Check point
(2001. 11. 6 시행)

① 북어보푸라기는 소금, 간장, 고춧가루로 삼색을 구분하여 제출하시오.

② 표고전은 5개를 제출하시오.

③ 잡채의 재료인 쇠고기, 양파, 오이, 당근, 도라지, 표고버섯은 0.3cm×0.3cm×6cm 크기로 썰고, 주어진 재료는 굵기와 크기를 일정하게 하여 양과 색깔을 골고루 배합하여 고명을 올려 제출하시오.

④ 두부선은 3cm×3cm×1cm 크기로 하여 완성하고, 초간장을 곁들여 제출하시오.

⑤ 애탕국의 완자는 지름 2.5cm 크기로 하여 200mL의 장국과 9개의 완자를 넣어 제출하시오.

⑥ 문제의 요구 사항대로 작품의 수량이 만들어지지 않을 경우 실격 처리됩니다.

⑦ 해당 과제의 지급 재료 외의 재료를 사용할 경우 득점에 관계없이 오작 처리됩니다.

북어보푸라기

재 료
북어포 1마리, 고춧가루·
설탕·소금·깨소금·간장
·참기름 약간씩

만드는 법

1. 북어는 머리를 떼어 내고 뼈와 잔가시를 발라 낸 다음 숟가락으로 긁거나 강판에 갈아 보푸라기로 만든다.
2. 먼저 설탕과 참기름, 깨소금으로 양념하여 보슬보슬하게 무친다.
3. 무친 보푸라기를 3등분하여 소금, 고춧가루, 간장으로 각각 양념하여 비벼서 또다시 보슬보슬하게 무친다.
4. 삼색(소금색, 고춧가루색, 간장색)의 북어보푸라기를 한 접시에 모양 내어 담아 낸다.

Note
모양을 낼 때 두 손 사이에 놓고 눌리지 않도록 성형한 후 그릇에 담는다. 얇은 젓가락을 사용하여 윗부분을 살살 펴 주며 솜처럼 만든다.

표고전

재료
건표고버섯(중) 5개, 쇠고기 50g, 두부 10g, 달걀 1개, 밀가루 50g, 식용유·참기름·간장 약간씩

소·고기 양념
후춧가루·소금·깨소금·설탕·참기름·다진파·다진마늘 약간씩

만드는법

1. 표고버섯은 미지근한 물에 불려서 기둥을 떼어 내고 물기를 제거한 다음 간장, 참기름으로 유장 처리한다.
2. 쇠고기는 곱게 다지고, 두부는 면보에 넣어 물기를 뺀 후 칼의 옆면으로 곱게 으깬 다음 혼합한 후 소 양념을 넣고 잘 치대어 반죽한다.
3. 표고버섯 안쪽에 밀가루를 묻혀 양념한 고기를 넣고 편편하게 채운다.
4. 소금을 약간 넣은 달걀물을 씌워 프라이팬에 표고버섯의 밑부분을 지진다.
5. 고기가 익으면 뒤집어 익힌 후 제출한다.

Note
표고버섯은 물에 충분히 불려야 부드러우며, 물기를 잘 닦아야 전을 부칠 때 물이 생기지 않는다. 표고전은 크기를 너무 두껍게 부치지 않아야 하고 표면을 깨끗이 해서 지진다.

잡채

재료
당면 40g, 쇠고기 50g, 건표고버섯 1장, 목이버섯 3장, 오이 1/4개, 양파 1/4개, 당근 30g, 통도라지 1뿌리, 달걀 1개, 숙주 20g, 식용유 약간

당면·버섯 양념
간장 1큰술, 참기름 1작은술, 설탕 1작은술

고기 양념
간장 1/2작은술, 참기름 1/2작은술, 설탕 1/2작은술, 소금·다진마늘·다진파·깨소금·후춧가루 약간씩

만드는 법

1. 건표고버섯, 목이버섯은 미지근한 물에 불린다. 쇠고기, 표고버섯은 0.3cm×0.3cm×6cm 크기로 채썰고 목이버섯은 손으로 찢어 버섯 양념한다.
2. 숙주는 거두절미하고 끓는 물에 데쳐서 소금과 참기름으로 양념한다.
3. 오이는 6cm 길이로 잘라서 돌려깎기한 후 채썰어 소금에 살짝 절여 물기를 뺀다.
4. 양파, 당근, 도라지는 6cm 길이로 채썰어 소금에 절여 물기를 꼭 짠다.
5. 달걀을 황·백으로 나누어서 지단을 부쳐 6cm로 채썬다.
6. 프라이팬에 기름을 두르고 양파, 도라지, 오이, 당근, 목이버섯, 표고버섯, 쇠고기 순으로 각각 따로 볶는다.
7. 냄비에 물이 끓으면 당면을 삶아 냉수에 헹군 후 적당한 길이로 잘라 당면 양념으로 밑간을 한 다음 프라이팬에 볶는다.
8. 그릇에 당면과 볶은 채소를 넣고 버무려 간장, 설탕, 참기름으로 간을 맞춘 후 접시에 잡채를 담고 황·백 지단을 고명으로 얹어 낸다.

두부선

재료
두부 1/2모, 닭가슴살 60g, 홍고추 1/4개, 청고추 1/2개, 건표고버섯 2장, 식용유 약간

고명
석이버섯 1장, 대추 2알, 달걀 1개, 실백 3g, 실고추 약간

두부 양념
소금 1/2작은술, 다진파 2작은술, 다진마늘 1작은술, 참기름 1/2작은술, 깨소금 1작은술, 후춧가루 약간

초간장
간장 1큰술, 식초 1작은술, 설탕 1작은술

만드는법

1. 두부는 거즈에 물기를 짜서 으깨고, 닭고기는 곱게 다진다.
2. 홍고추, 청고추는 씨를 빼서 다지고, 건표고버섯은 따뜻한 물에 불려 기둥을 따 내고 포를 떠서 곱게 채썬다.
3. 석이버섯은 따뜻한 물에 불려 뒷면의 이끼와 돌을 제거하고 곱게 채썬다.
4. 대추는 돌려깎기하여 밀대로 밀어 채썰고, 실백은 고깔을 따서 비늘 잣을 만들고, 실고추는 2cm 길이로 자른다.
5. 달걀은 황·백으로 나누어 지단을 부친 후 0.1cm×0.1cm×2cm로 가늘게 채썬다. 흰자는 조금 남긴다(**7**에 사용).
6. **1**을 계속 치대여 두부 양념하고 **2**의 채소와 고루 섞어 납작한 그릇에 젖은 면보를 깔고 1cm 두께로 정사각으로 펴 놓는다.
7. **6**에 **3**, **4**, **5**를 고루 뿌려 눌러 주고 표고채, 비늘잣(흰자를 바른 후에 고명을 올려야 잘 붙는다.)을 올린 후 찜통에서 10여 분 쪄낸 후 식힌다.(찜솥에서 꺼낼 때는 찬물을 약간 끼얹어야 손을 데지 않는다.)
8. 쪄진 두부선은 3cm×3cm×1cm로 썰어 접시에 보기 좋게 담아 내고 초간장을 곁들인다.

애탕국

재료
쇠고기 150g, 쑥 100g, 달걀 1개, 잣 1작은술, 실파·밀가루·국간장·소금 약간씩

고기 양념
참기름 1/2작은술, 설탕 1/2작은술, 소금·마늘·파·깨소금·후춧가루 약간씩

장국
육수 5컵, 간장 1/2큰술, 소금 1/2작은술

만드는 법

1. 쇠고기의 일부는 납작하게 썰어 육수를 내고, 나머지는 곱게 다진다.
2. 쑥은 끓는 물에 살짝 데쳐서 찬물에 헹군 다음 물기를 꼭 짜서 곱게 다진다.
3. 쇠고기에 고기 양념을 넣고 다진 쑥을 넣어 찰기 나도록 치댄다.
4. 황·백 지단을 완자형으로 준비하고, 실파는 3cm 길이로 썬다.
5. 3을 2.5cm 크기로 완자를 만들어 가운데 잣을 넣어가며 빚어서 밀가루와 달걀물을 입힌다.
6. 장국이 끓으면 완자를 넣고 끓어 오르면 실파를 넣은 다음 소금과 간장으로 간을 맞춘다.

Note
쑥이 들어가 잘 뭉쳐지지 않을 수 있으니 끈기가 나도록 많이 치대야 한다. 좀 더 깨끗한 국물을 원한다면 완자를 따로 프라이팬에 굴려 익힌 다음 넣으면 된다.

07
미나리강회, 화전, 수란, 사슬적, 오징어볶음

시험시간
1시간 50분

Check point
(2001. 11. 6 시행)

❶ 미나리강회는 1cm×4cm×0.3cm 전후의 크기로 하여 완성된 강회 8개와 초고추장을 제출하시오.
❷ 화전의 지름은 5cm, 두께는 0.4cm의 크기로 두께가 일정하고 꽃 모양이 잘 붙어 있는 완성품을 5개 제출하시오.
❸ 수란은 달걀 흰자가 노른자를 완전히 덮은 상태로 고명을 올려 제출하시오.
❹ 사슬적은 각각 1cm×6cm×0.7cm 크기로 썰어 꼬치를 2개 제출하시오.
❺ 오징어볶음의 오징어는 0.3cm 폭으로 가로 세로 칼집을 넣어 길이 4cm, 폭 2cm 크기로 잘라서 볶아 제출하시오.
❻ 문제의 요구 사항대로 작품의 수량이 만들어지지 않을 경우 실격 처리됩니다.
❼ 해당 과제의 지급 재료 외의 재료를 사용할 경우 득점에 관계없이 오작 처리됩니다.

미나리강회

재료
미나리 50g, 쇠고기 80g, 홍고추 1/2개, 달걀 1개, 소금 약간

초고추장
고추장 1큰술, 식초 1큰술, 설탕 2작은술, 물 1작은술

만드는 법

1. 쇠고기는 핏물을 제거한 후 끓는 물에 삶아 눌러 식혀서 1cm×4cm×0.3cm로 썬다.
2. 미나리는 줄기만 다듬어 끓는 물에 소금을 넣고 데쳐서 찬물에 헹궈 물기를 제거한다.
3. 달걀은 황·백 지단을 도톰하게 부친 후 식으면 **1**과 같은 크기로 썬다.
4. 홍고추는 반으로 갈라 씨를 빼고 폭 0.3cm, 길이 3cm로 썬다.
5. 쇠고기, 백지단, 황지단, 홍고추 순으로 가지런히 얹고 미나리로 중간을 감아 준다. 미나리는 전체 길이의 1/3 정도만 감는다. 초고추장을 곁들여 낸다.

Note
강회의 재료를 미나리로 감을 때에는 미나리가 많이 겹치지 않도록 한다. 미나리의 매듭은 밑으로 가게 감는 것이 좋다.

화 전

재 료
찹쌀가루 1컵, 대추 1개, 소금·쑥·식용유 약간씩

시럽
설탕 1/3컵, 물 1/3컵

만드는법

1. 찹쌀가루는 소금을 넣고 비벼서 체에 쳐서 뜨거운 물로 익반죽하여 고르게 치댄 후 비닐 봉지에 싸 놓는다.

2. 대추는 젖은 면보로 닦아서 돌려깎은 후 씨를 제거하고 밀대로 살짝 밀어서 단단하게 돌돌 말아 0.1cm 두께로 얇고 동그랗게 썰어 놓는다.

3. 쑥은 찬물에 담가서 싱싱하게 잎을 살린 후 물기를 없애고 작은 잎으로 떼어 준비한다.

4. 반죽한 찹쌀가루는 동전 크기로 떼어 지름 5cm, 두께 0.4cm 정도로 둥글고 납작하게 빚는다.

5. 설탕과 물을 동량으로 넣어 젓지 말고 중불에서 서서히 끓여 반 정도 될 때까지 조려 시럽을 만든다.

6. 프라이팬에 기름을 두르고 4를 약한 불에 지져서 한 면이 익으면 뒤집어 중앙에 대추를 올리고 위에 쑥잎을 붙여 투명하게 지져 낸다.

7. 지져 낸 화전을 접시에 담고 5의 시럽을 끼얹어 낸다.

수란

재료
달걀 1개, 석이버섯 1장, 식초 1큰술, 실파·실고추·소금·참기름 약간씩

만드는 법

1. 냄비에 수란기나 국자가 충분히 잠길 만큼 물을 넉넉히 붓고 소금을 넣어 끓인다.
2. 수란기나 국자에 약간의 참기름을 발라 끓는 물에 길들인 후 노른자가 터지지 않게 달걀을 깨뜨린다.
3. 달걀을 국자 중앙에 오도록 조심스럽게 부은 후 끓는 물 표면에서 서서히 익혀 수저로 물을 붓는다.
4. 노른자가 하얀 막으로 덮이면 불을 줄이고, 물속에 조심스럽게 넣어 반숙으로 익힌다.
5. 석이버섯, 실파, 실고추는 0.1cm×1cm 크기로 고운 채를 썬다.
6. 반숙란을 조심스럽게 그릇에 옮겨 담고, 내기 직전에 실고추, 석이버섯, 파채를 보기 좋게 얹어 낸다.

Note
수란 조리 시에는 끓는 물에 소금과 식초를 넣어서 달걀의 응고를 촉진시킨다.

사슬적(어산적)

재료
동태 1/2마리, 쇠고기 80g, 두부 30g, 밀가루 1큰술, 실백 1작은술, 대꼬챙이 3개, 식용유 1큰술

고기·두부 양념
소금 1/3작은술, 설탕 1/4작은술, 파 1작은술, 마늘 1/2작은술, 참기름 1/2작은술, 깨소금 1작은술, 후춧가루 1/8작은술

생선 양념
소금·생강·흰후춧가루 약간씩

초간장
간장 2큰술, 식초 1큰술, 설탕 1작은술

만드는 법

1. 쇠고기는 곱게 다져서 핏물을 빼놓고, 두부는 물기를 빼고 다져서 쇠고기와 함께 섞어 양념한다.
2. 동태는 껍질을 벗겨서 1cm×6cm×0.7cm 크기로 썰어 물기 제거 후 소금, 흰후춧가루로 밑간을 한다.
3. 실백은 고깔을 떼고 곱게 다진다.
4. 동태를 꼬챙이에 끼우고 고기와 맞닿는 쪽에 밀가루를 묻힌 다음 사이사이에 1의 고기를 모양 내어 꼬챙이에 끼운다.(쇠고기는 폭 1cm, 길이 7cm로 썰어서 사용하기도 하고, 고기와 두부를 다져서 사용하기도 하는데, 재료의 제시나 요구 사항에 따라 만든다.)
5. 프라이팬에 기름을 두르고 꼬치를 지져 내어 접시에 담는다. 잣가루를 뿌리고 초간장을 곁들여 낸다.

Note 고기와 생선은 꼬챙이에 끼워 구우면 1~2cm 정도 줄어들므로 가열했을 때의 길이를 감안하여 자르도록 한다.

오징어볶음

재 료
오징어 1마리, 양파 40g, 홍고추 1/2개, 청고추 1/2개, 대파 1뿌리

양념 고추장
고추장 2큰술, 간장 1/4작은술, 고춧가루 1작은술, 물엿 1큰술, 설탕 1작은술, 마늘 1작은술, 파 2작은술, 참기름 1작은술, 후춧가루 1/8작은술

만드는 법

1. 오징어는 반으로 갈라 껍질과 내장을 손질한 후 깨끗이 씻는다.
2. 오징어 안쪽에 0.3cm 간격으로 대각선이 가로 세로 겹치게 칼집을 넣어 길이 4cm, 폭 2cm 크기로 썬다.
3. 대파, 홍고추, 청고추는 어슷하게 썬다.
4. 양파는 양끝을 다듬고 길이는 4cm, 폭 1cm로 썬다.
5. 프라이팬에 기름을 두르고 먼저 양념장을 볶다가 오징어를 넣어 볶고 나머지 채소를 볶는다.
6. 참기름으로 맛을 낸 다음 접시에 담는다.

Note
오징어는 껍질을 벗긴 후 안쪽에 칼집을 대각선으로 고르게 넣고 썰어야 꽃 모양 혹은 솔방울 모양이 길게 잘 나온다.

08
양파전, 된장찌개, 깍두기, 사슬적, 도라지정과

시험시간 1시간 40분

Check point
(2001. 11. 7 시행)

❶ 양파전의 양파는 0.4cm 두께로 둥글게 썰어 전을 부쳐 5개의 완성품과 초간장을 제출하시오.
❷ 된장찌개의 두부는 사방 2.5cm 크기로 썰어 찌개를 완성하여 제출하시오.
❸ 깍두기의 무는 사방 2cm 크기로 깍뚝썰기한 후 새우젓으로 양념하여 제출하시오.
❹ 사슬적은 각각 1cm×6cm×0.7cm 크기로 썰어 꼬치를 2개 제출하시오.
❺ 도라지정과는 1cm×6cm×0.6cm 크기로 정과를 만들고, 제시된 재료 전량을 제출하시오.
❻ 문제의 요구 사항대로 작품의 수량이 만들어지지 않을 경우 실격 처리됩니다.
❼ 해당 과제의 지급 재료 외의 재료를 사용할 경우 득점에 관계없이 오작 처리됩니다.

양파전

재료
양파(중) 2개(200g), 쇠고기 50g, 두부 30g, 달걀 1개, 밀가루 2큰술, 식용유 2큰술

소·고기 양념
참기름 1/2작은술, 설탕 1/2작은술, 소금·마늘·파·깨소금·후춧가루 약간씩

초간장
간장 1큰술, 식초 1/2큰술, 설탕 1/4작은술

만드는 법

1. 양파는 동그란 구멍이 생기게 측면으로 0.4cm 두께로 썬다.
2. 썰어 놓은 양파에 소금을 뿌려 살짝 절여지면 물기를 닦아 낸다.
3. 쇠고기는 곱게 다지고, 물기를 꼭 짠 두부와 같이 양념을 한다.
4. 양파 가운데 쇠고기를 채워 넣고 밀가루와 달걀을 입혀 프라이팬에 지져 낸다.
5. 초간장을 곁들여 낸다.

Note
양파를 절이지 않고 전을 부칠 경우, 전체적으로 간이 싱겁기 때문에 달걀 옷을 입힐 때 간을 하거나 초간장을 보통 때보다 조금 짜게 만든다.

된장찌개

재 료
된장 2큰술, 쇠고기 50g, 두부 40g, 애호박 40g, 표고버섯 1장, 청고추 2개, 홍고추 1개, 대파 1/2대, 다진마늘 1/2작은술, 고춧가루 1작은술

고기 양념
간장 1/2큰술, 다진파 1작은술, 다진마늘 1작은술, 참기름 1/2작은술, 설탕·후춧가루 약간

된장 국물
쌀뜨물(물) 3컵, 된장 3큰술, 고춧가루 1작은술, 다진마늘 1작은술

만드는 법

1. 쇠고기는 납작하게 썰어 고기 양념을 한다.
2. 호박은 0.5cm 두께로 썰어 4등분하고, 표고버섯은 불려 4등분한다.
3. 두부는 사방 2.5cm로 썰고, 대파와 고추는 어슷하게 썬다.
4. 쌀뜨물로 된장 국물을 만든다.
5. 냄비에 쇠고기를 넣고 볶다가 된장 국물을 붓고 잠시 끓인 후 호박과 표고버섯을 넣는다. 호박이 어느 정도 익으면 두부를 넣고 끓인다.
6. 대파, 고추, 고춧가루를 넣고 잠시 더 끓인다.

Note
된장은 콩을 발효시켜 만든 식품으로, 음식의 간을 맞추고 맛을 내는 조미료의 역할을 한다.

깍두기

재료
무(중) 1개, 굵은 소금 1/4컵, 미나리 30g, 실파 50g

양념
고춧가루 3큰술, 마늘 20g, 생강 1/2톨, 새우젓 1큰술, 소금 1/4작은술, 설탕 1작은술

만드는법

1. 무는 손질하여 씻고 사방 2cm 크기로 깍둑썰기한 다음 굵은 소금으로 절였다가 체에 건져 놓는다.
2. 실파와 미나리는 다듬어 씻어 4cm 정도의 길이로 썰고, 마늘과 생강은 곱게 다진다.
3. 새우젓은 잡티를 골라 내고 건더기만 건져 곱게 다진다.
4. 무에 양념을 버무리고 나머지 재료인 미나리, 실파를 섞어 살살 버무려 그릇에 담는다.

Note

깍둑썰기한 무에 소금을 뿌려 절이고 다 절여지면 체에 밭쳐 양념한다. 그러나 깍둑썰기한 생무에 고춧가루를 먼저 버무린 후 양념을 하면 어느 정도 익었을 때 무에서 물이 나와 양념이 씻겨 내려 색이 흐려지고 국물이 많이 생기게 된다.

사슬적(어산적)

재료
동태 1/2마리, 쇠고기 80g, 두부 30g, 밀가루 1큰술, 실백 1작은술, 대꼬챙이 3개, 식용유 1큰술

고기·두부 양념
소금 1/3작은술, 설탕 1/4작은술, 파 1작은술, 마늘 1/2작은술, 참기름 1/2작은술, 깨소금 1작은술, 후춧가루 1/8작은술

생선 양념
소금·생강·흰후춧가루 약간씩

초간장
간장 2큰술, 식초 1큰술, 설탕 1작은술

만드는법

1. 쇠고기는 곱게 다져서 핏물을 빼놓고, 두부는 물기를 빼고 다져서 쇠고기와 함께 섞어 양념한다.
2. 동태는 껍질을 벗겨서 1cm×6cm×0.7cm 크기로 썰어 물기 제거 후 소금, 흰후춧가루로 밑간을 한다.
3. 실백은 고깔을 떼고 곱게 다진다.
4. 동태를 꼬챙이에 끼우고 고기와 맞닿는 쪽에 밀가루를 묻힌 다음 사이사이에 **1**의 고기를 모양 내어 꼬챙이에 끼운다.(쇠고기는 폭 1cm, 길이 7cm로 썰어서 사용하기도 하고, 고기와 두부를 다져서 사용하기도 하는데, 재료의 제시나 요구 사항에 따라 만든다.)
5. 프라이팬에 기름을 두르고 꼬치를 지져 내어 접시에 담는다. 잣가루를 뿌리고 초간장을 곁들여 낸다.

Note 고기와 생선은 꼬챙이에 끼워 구우면 1~2cm 정도 줄어들므로 가열했을 때의 길이를 감안하여 자르도록 한다.

도라지정과

재료
통도라지 200g, 설탕 100g, 꿀 2큰술, 물엿 2큰술, 물 3컵, 소금 약간

만드는법

1. 통도라지는 껍질을 벗기고 1cm×6cm×0.6cm 크기로 썰어 소금물로 씻어 쓴맛을 뺀 후 끓는 물에 살짝 데쳐 찬물에 헹구어 건진다.
2. 냄비에 도라지, 설탕, 소금, 물을 넣고 끓인다.
3. 끓기 시작하면 불을 줄여 반쯤 조려지면 물엿을 넣고 뚜껑을 덮어 투명해질 때까지 서서히 조려 자작해지면 꿀을 넣는다.
4. 정과를 체에 밭쳐 식혀서 시럽을 빼고 그릇에 담는다.

Note
통도라지는 너무 오래 삶으면 부서지므로 살짝 삶아 내어 조린다. 도라지의 색이 말갛게 될 때까지 조려야 물엿과 설탕이 속에 배어든다. 너무 자주 젓지 않도록 주의한다.

09
어채, 만둣국, 깍두기, 장떡, 오이선

Check point
(2002. 10. 3 / 2006 시행)

① 어채의 재료는 폭 2cm, 길이 4cm 크기로 썰며, 준비한 모든 재료를 접시에 담고, 초고추장은 잣가루를 뿌려 제출하시오.
② 완성된 만두는 지름 8cm의 반달 모양으로 7개 만들어 장국 200mL와 함께 제출하시오.
③ 깍두기의 무는 사방 2cm 크기로 깍둑썰기한 후 새우젓으로 양념하여 제출하시오.
④ 장떡은 재료를 반죽하여 지름 6cm 정도로 둥글게 지져 5개 제출하시오.
⑤ 오이선은 모양과 크기가 일정해야 하며, 칼집을 넣은 부분이 떨어지지 않도록 하여 5개 제출하시오.
⑥ 문제의 요구 사항대로 작품의 수량이 만들어지지 않을 경우 실격 처리됩니다.
⑦ 해당 과제의 지급 재료 외의 재료를 사용할 경우 득점에 관계없이 오작 처리됩니다.

시험시간 **2시간**

어채

재 료
동태 1/2마리, 다홍고추 1개, 오이 1/2개, 표고버섯 2장, 석이버섯 3장, 달걀 1개, 소금·녹말·생강즙·흰후춧가루·식용유 약간씩

초고추장 양념
고추장 1큰술, 식초 1큰술, 설탕 1/2큰술, 다진마늘 1작은술, 다진생강 1/2작은술, 실백 5알

만드는법

1. 동태는 비늘을 긁어 내고 내장을 제거한 후 살만 2장 포를 떠서 2.5cm×6cm×0.7cm 정도의 크기로 썰어 소금, 생강즙, 흰후춧가루를 뿌린다.
2. 달걀은 황·백 지단으로 부쳐서 2cm×4cm 크기로 썬다. 실백은 꼬깔을 떼고 가루로 만든다.
3. 오이는 돌려깎고, 다홍고추는 반 갈라 씨를 빼고 2cm×4cm 크기로 썰고, 표고버섯과 석이버섯도 손질하여 2cm×4cm 크기로 썬다.
4. 냄비에 소금을 약간 넣고 준비한 재료들 1, 3에 녹말가루를 묻혀 바로 데쳐서 찬물에 헹구어 건져 낸다.(생선은 너무 오래 데치지 않는다.)
5. 접시에 생선살을 돌려 담고, 초고추장은 따로 담아 잣가루를 뿌려 낸다.

Note
어채는 흰살 생선인 대구, 광어, 도미, 민어 등 횟감에 녹말을 묻혀 끓는 소금물에 살짝 익힌 부드러운 맛의 숙회이다.

만둣국(병시)

재료
밀가루 60g, 쇠고기 50g, 두부 50g, 숙주 30g, 배추김치 40g, 달걀 1개, 간장·소금·석이버섯·실고추·식용유 약간씩

만두소 양념
소금 1/2작은술, 다진파 1작은술, 깨소금·참기름·후춧가루 약간씩

고기 양념
소금 1/2작은술, 다진파·다진마늘·참기름·깨소금·설탕·후춧가루 약간씩

만드는 법

1. 밀가루 6큰술, 소금물 2큰술로 반죽하여 젖은 면보로 덮어 둔다.
2. 두부는 물기를 제거하고 으깬다. 숙주는 거두절미하여 소금물에 데쳐 잘게 다진다. 김치는 다져서 물기를 꼭 짠다.
3. 쇠고기는 반은 곱게 다지고 반은 육수용으로 사용한다.
4. 두부, 숙주, 김치, 쇠고기는 물기를 제거하고 양념하여 만두소를 만든다.
5. 달걀은 황·백 지단을 부쳐 2cm로 채썰고, 석이버섯은 다듬어서 가늘게 채썬 후 살짝 볶는다.
6. 반죽을 밀대로 펴서 지름 8cm로 둥글게 만들어 만두피에 소를 넣고 지름 4cm 정도의 반달 모양의 만두를 빚는다.
7. 찬물에 쇠고기, 파, 마늘을 넣고 끓여서 면보에 걸러 육수를 만든다.
8. 육수에 만두를 넣고 끓여서 떠오르면 불을 끄고 소금으로 간을 하고 간장으로 색을 낸다.
9. 7개의 만두와 육수를 그릇에 담고, 그 위에 황·백 지단, 실고추, 석이버섯을 고명으로 얹는다.

깍두기

재료
무(중) 1개, 굵은소금 1/4컵, 미나리 30g, 실파 50g

양념
고춧가루 3큰술, 마늘 20g, 생강 1/2톨, 새우젓 1큰술, 소금 1/4작은술, 설탕 1작은술

만드는법

1. 무는 손질하여 씻고 사방 2cm 크기로 깍둑썰기한 다음 굵은 소금으로 절였다가 체에 건져 놓는다.
2. 실파와 미나리는 다듬어 씻어 4cm 정도의 길이로 썰고, 마늘과 생강은 곱게 다진다.
3. 새우젓은 잡티를 골라 내고 건더기만 건져 곱게 다진다.
4. 무에 양념을 버무리고 나머지 재료인 미나리, 실파를 섞어 살살 버무려 그릇에 담는다.

Note

깍둑썰기한 무에 소금을 뿌려 절이고 다 절여지면 체에 밭쳐 양념한다. 그러나 깍둑썰기한 생무에 고춧가루를 먼저 버무린 후 양념을 하면 어느 정도 익었을 때 무에서 물이 나와 양념이 씻겨 내려 색이 흐려지고 국물이 많이 생기게 된다.

장 떡

재 료
찹쌀가루 1컵, 된장 1큰술,
고추장 1큰술, 청고추 1개,
홍고추 1개, 다진파 1큰술,
다진마늘 1/2큰술, 깨소금
1작은술, 참기름 1작은술

만드는법

1. 청고추와 홍고추는 둥글게 썰어 씨를 제거한다.
2. 고추장과 된장은 찬물에 풀어 찹쌀가루를 넣고 반죽한 다음 고추, 파, 마늘, 깨소금, 참기름을 넣어 잘 섞는다.
3. 프라이팬에 식용유를 두르고 6cm 정도로 모양을 잡아 둥글게 지져 낸다.

Note

장떡은 밀가루에 쇠고기 다진 것과 고추장, 된장, 풋고추를 넣어 반대기를 만들어 찜통에 쪄서 말렸다가 시원한 곳에 보관해 두고 반찬으로 사용하는 음식이다.

※시험 응시 시 모양은 요구 사항대로 만드시오.

오이선

재료
오이 1/2개, 쇠고기 20g, 건표고버섯 1장, 달걀 1개, 소금·식용유 약간씩

소금물
소금 1/2큰술, 물 1/4컵

고기·버섯 양념
간장 1/2작은술, 설탕 1/4작은술, 다진파 1/4작은술, 다진마늘·깨소금·참기름·후춧가루 약간씩

단초물
식초 2작은술, 설탕 2작은술, 물 2작은술, 소금 1/3작은술

만드는법

1. 오이는 소금으로 비벼 씻어 껍질 쪽에 일정한 간격으로 3군데 칼집을 넣고 소금물에 절인다.(칼집을 낼 때에는 밑부분의 1cm 정도는 남겨야 부재료들을 넣었을 때 떨어지지 않는다.)
2. 쇠고기와 표고버섯은 2.5cm 정도로 가늘게 채썬 후 양념하여 각각 볶아 식힌다.
3. 달걀은 황·백으로 분리하여 소금을 조금 넣고 거품이 나지 않도록 저어 준 후 얇게 지단을 부쳐 2.5cm 길이로 가늘게 채썬다.
4. 1의 오이는 면보에 싸서 물기를 제거하고 파랗게 볶아 식힌다.
5. 볶아 낸 오이의 칼집 속에 표고버섯, 쇠고기, 황·백 지단을 각각 보기 좋게 끼워 넣는다.
6. 단초물은 내기 직전에 오이선 위에 끼얹는다.

10
화전, 수정과, 북어보푸라기, 육회, 해물된장국

시험시간
1시간 40분

Check point
(2002. 10. 3 / 2008. 10. 2 시행)

① 화전의 지름은 5cm, 두께는 0.4cm의 크기로 두께가 일정하고 꽃 모양이 잘 붙어 있는 완성품을 5개 제출하시오.
② 수정과는 곶감과 잣을 띄워 제출하시오.
③ 북어보푸라기는 소금, 간장, 고춧가루로 삼색을 구분하여 제출하시오.
④ 육회의 쇠고기와 배는 폭 0.3cm, 두께 0.3cm로 고르게 썰고, 마늘은 편썰기하여 50g 이상 완성품을 제출하시오.
⑤ 해물된장국의 재료 중 두부와 호박은 사방 1.5cm 크기로 썰어 국을 완성하여 제출하시오.
⑥ 문제의 요구 사항대로 작품의 수량이 만들어지지 않을 경우 실격 처리됩니다.
⑦ 해당 과제의 지급 재료 외의 재료를 사용할 경우 득점에 관계없이 오작 처리됩니다.

화전

재료
찹쌀가루 1컵, 대추 1개, 소금·쑥·식용유 약간씩

시럽
설탕 1/3컵, 물 1/3컵

만드는 법

1. 찹쌀가루는 소금을 넣고 비벼서 체에 쳐서 뜨거운 물로 익반죽하여 고르게 치댄 후 비닐 봉지에 싸 놓는다.
2. 대추는 젖은 면보로 닦아서 돌려깎은 후 씨를 제거하고 밀대로 살짝 밀어서 단단하게 돌돌 말아 0.1cm 두께로 얇고 동그랗게 썰어 놓는다.
3. 쑥은 찬물에 담가서 싱싱하게 잎을 살린 후 물기를 없애고 작은 잎으로 떼어 준비한다.
4. 반죽한 찹쌀가루는 동전 크기로 떼어 지름 5cm, 두께 0.4cm 정도로 둥글고 납작하게 빚는다.
5. 설탕과 물을 동량으로 넣어 젓지 말고 중불에서 서서히 끓여 반 정도 될 때까지 조려 시럽을 만든다.
6. 프라이팬에 기름을 두르고 4를 약한 불에 지져서 한 면이 익으면 뒤집어 중앙에 대추를 올리고 위에 쑥잎을 붙여 투명하게 지져 낸다.
7. 지져 낸 화전을 접시에 담고 5의 시럽을 끼얹어 낸다.

수정과

재 료
생강 50g, 물 6컵, 통계피 50g, 황설탕 1컵, 곶감 3개, 호두 3개, 잣 1큰술

만드는법

1. 생강은 얇게 저미고, 통계피는 조각 낸 다음 깨끗이 씻는다.
2. 곶감은 꼭지와 씨를 빼고 얇게 펴서 호두를 넣고 말아 모양을 만든 후 자른다.
3. 잣은 고깔을 떼어 놓는다.
4. 저민 생강에 물을 부어 뭉근한 불에서 30분 정도 끓여 면보에 거른다.
5. 계피에 물을 부어 뭉근한 불에서 40분 정도 끓여서 면보에 거른다.
6. 4, 5의 끓인 물을 합하여 설탕을 넣고 10분 정도 끓여서 식힌다.
7. 통곶감을 사용할 때는 수정과 물을 약간 덜어 내어 곶감을 불려 부드러워지면 그릇에 담고 수정과 물을 부어 낸다. 잣을 서너 알 띄운다.

Note
생강과 통계피를 함께 끓여 쓰는 방법도 있으나 각각 끓여 걸러서 혼합해야 특유의 향과 맛을 살릴 수 있다.

북어보푸라기

재료
북어포 1마리, 고춧가루·설탕·소금·깨소금·간장·참기름 약간씩

만드는 법

1. 북어는 머리를 떼어 내고 뼈와 잔가시를 발라 낸 다음 숟가락으로 긁거나 강판에 갈아 보푸라기로 만든다.
2. 먼저 설탕과 참기름, 깨소금으로 양념하여 보슬보슬하게 무친다.
3. 무친 보푸라기를 3등분하여 소금, 고춧가루, 간장으로 각각 양념하여 비벼서 또다시 보슬보슬하게 무친다.
4. 삼색(소금색, 고춧가루색, 간장색)의 북어보푸라기를 한 접시에 모양 내어 담아 낸다.

Note
모양을 낼 때 두 손 사이에 놓고 눌리지 않도록 성형한 후 그릇에 담는다. 얇은 젓가락을 사용하여 윗부분을 살살 펴 주며 솜처럼 만든다.

육 회

재 료
쇠고기(우둔살) 100g, 배 1/4개, 마늘 5쪽, 잣 5알

설탕물
설탕 1큰술, 물 1/4컵

고기 양념
간장 1/4작은술(매우 소량), 참기름 1/2작은술, 설탕 1/2작은술, 소금·마늘·파·깨소금·후춧가루 약간씩

만드는법

1. 쇠고기는 기름기 없는 신선한 살코기를 얇게 저며 결 반대 방향으로 0.3cm×0.3cm로 가늘게 채썬다.
2. 마늘의 일부는 편으로 얇게 썰고, 나머지는 파와 함께 곱게 다진다.
3. 배는 껍질 벗긴 후 0.3cm×0.3cm×4cm로 고르게 채썰어 설탕물에 담근다.
4. 잣은 고깔을 떼고 종이 위에 올려 곱게 다진다.
5. 쇠고기에 준비한 양념을 넣고 무쳐 준다.
6. 접시 가장자리에 물기를 뺀 배채를 가지런히 돌려 담고, 가운데 양념한 고기를 소복이 담는다.
7. 편으로 썬 마늘은 고기 주위에 기대어 돌려 담고, 육회 위에 잣가루를 올려 준다.

Note
육회는 신선한 날고기의 맛을 즐기는 음식으로 기름기가 전혀 없는 우둔살이나 대접살이 적당하다.

해물된장국

재 료

된장 3큰술, 멸치 10마리, 두부 60g, 모시조개 60g, 오징어 60g, 애호박 40g, 표고버섯 2장, 청고추 1개, 홍고추 1개, 대파 1/2대, 고춧가루 1작은술, 소금·다진마늘 약간씩

만드는 법

1. 멸치는 머리와 내장을 제거하고 프라이팬에 기름 없이 볶은 다음 찬물을 부어 육수를 만든다.
2. 모시조개는 해감을 시키고, 오징어는 껍질을 벗겨 안쪽에 칼집을 넣어 1.5cm×4cm 크기로 썬다.
3. 두부와 호박은 사방 1.5cm 크기로 썰고, 고추와 대파는 어슷하게 썰며, 표고버섯은 4등분한다.
4. 1에 된장을 풀어서 체에 내리고 고춧가루를 푼 다음 끓으면 모시조개, 오징어, 표고버섯, 두부, 호박을 넣고 잠시 끓이다가 풋고추, 대파, 마늘을 넣어 완성한다.

Note

조개는 3% 정도의 소금물에 담가 해감을 시킨다. 조개를 보관할 때 맹물에 담가 보관하는 것은 절대 금물이다.

시금치된장국, 장산적, 비빔밥, 오이생채, 나박김치

Check point

(2002. 10. 6 시행)

❶ 시금치된장국의 시금치는 4cm 길이로 썰어 국을 완성하여 제출하시오.
❷ 장산적은 3cm×3cm×0.5cm로 석쇠에 구워 조림장에 윤기나게 조려 주어진 재료 전량 제출하시오.
❸ 비빔밥의 재료 중 채소, 쇠고기, 황·백 지단의 크기는 0.3cm×0.3cm×5cm로 하고, 청포묵의 크기는 0.5cm×0.5cm×5cm로 하여 준비하고, 나물들을 돌려 담을 때 색의 조화에 유의하며, 고추장은 완성된 밥 위에 얹어 제출하시오.
❹ 오이생채의 오이는 0.2cm 두께의 원형으로 썰어 완성품을 제출하시오.
❺ 나박김치의 재료는 2.5cm×2.5cm×0.2cm의 일정한 크기로 썰고, 건더기의 양은 60g, 김치 국물의 양은 200mL를 제출하시오.
❻ 문제의 요구 사항대로 작품의 수량이 만들어지지 않을 경우 실격 처리됩니다.
❼ 해당 과제의 지급 재료 외의 재료를 사용할 경우 득점에 관계없이 오작 처리됩니다.

시험시간 **2시간**

시금치된장국

재료
시금치 100g, 쇠고기 50g, 쌀뜨물 또는 물 2컵, 된장 2큰술, 고추장 1작은술, 대파 1대, 다진마늘 2작은술, 간장·소금 약간씩

고기 양념
간장 1큰술, 다진마늘·참기름·다진파·후춧가루 약간씩

만드는 법

1. 시금치는 다듬어 씻어서 4cm 길이로 썬다.
2. 쌀은 씻어 첫물은 버리고 속뜨물을 만든다.
3. 쇠고기는 얇게 저며 썰어 양념하여 냄비에 볶다가 속뜨물을 붓고, 된장과 고추장을 고운 체에 밭쳐서 푼 다음 중불에서 끓인다.
4. 국물이 끓어서 맛이 우러나면 시금치, 대파, 다진 마늘을 넣고 끓인다.
5. 싱거우면 소금이나 간장으로 간을 맞춘다.

Note
시금치는 국물이 끓으면 넣는데 처음부터 같이 끓이면 색이 누렇게 변한다. 고추장의 비율은 기호에 따라 가감해도 된다.

장산적

재료
쇠고기(우둔) 200g, 두부 70g, 잣 1큰술

고기·두부 양념
소금 1작은술, 설탕 1큰술, 다진파 1큰술, 다진마늘 1/2큰술, 참기름 1/2큰술, 후춧가루·깨소금 약간씩

조림 양념
간장 2큰술, 설탕 1큰술, 물 1/2컵

만드는 법

1. 쇠고기는 곱게 다지고, 두부는 면보에 싸서 물기를 뺀 다음 으깨어 고기와 두부를 섞어 양념한다.
2. 양념한 고기를 두께가 0.5cm 정도 되게 네모지게 만들어 가로 세로로 잔 칼집을 넣는다.
3. 석쇠에 기름을 발라가며 고기가 타지 않게 구워 사방 2cm 크기로 썬다.
4. 조림 양념이 끓으면 장산적을 넣어 양념을 끼얹어 가며 윤기나게 조린다.
5. 국물이 자작해질 때까지 조려 그릇에 담고 잣가루를 뿌린다.

Note
양념한 고기는 많이 치대어야 표면이 매끈하고 부서지지 않는다. 구울 때 석쇠를 움직여가며 구워야 색이 고루 나타난다.

비빔밥

재 료
쌀(불린 것) 150g, 애호박 30g, 도라지 30g, 고사리 30g, 청포묵 30g, 쇠고기 50g, 달걀(소) 1개, 다시마(사방 5cm) 1장, 소금·식용유 약간씩

고기·고사리 양념
간장 2작은술, 설탕 1작은술, 다진파 1/2작은술, 다진마늘 1/4작은술, 깨소금·후춧가루·참기름 약간씩

약고추장
고추장 1큰술, 설탕 1/2큰술, 물 1큰술

만드는법

1. 쌀은 물에 불려 고슬고슬하게 짓고, 파·마늘은 곱게 다진다.
2. 호박은 5cm로 돌려깎기하여 0.3cm×0.3cm×5cm로 채썰어 소금에 절이고, 도라지는 0.3cm×0.3cm×5cm로 채썰어 소금물에 씻어 쓴맛을 제거한다.
3. 고사리는 억센 껍질을 제거한 후 5cm로 잘라 갖은 양념을 해 두고, 청포묵은 0.5cm×0.5cm×5cm로 채썬 후 데쳐 물기를 제거하고 소금, 참기름으로 무친다.
4. 쇠고기는 반은 0.2cm×0.2cm×6cm로 채썰고, 반(약고추장용)은 곱게 다져 각각 양념해 둔다.
5. 달걀은 황·백 지단을 부쳐서 0.3cm×0.3cm×5cm로 채썬다.
6. 호박과 도라지는 프라이팬에 파, 마늘, 깨소금, 참기름을 넣고 볶는다.
7. 쇠고기와 고사리는 볶고, 다진 쇠고기에 양념을 넣어 약고추장을 볶는다.
8. 그릇에 밥을 담고 재료를 색 맞추어 올린다. 잘게 부순 다시마와 약고추장을 얹어서 낸다.

오이생채

재 료
오이 100g, 소금 약간

고춧가루 양념
고춧가루 1작은술, 다진파 1작은술, 다진마늘 1/2작은술, 소금 1/2작은술, 설탕 1작은술, 식초 1작은술, 깨소금 1/4작은술

만드는법

1. 오이는 통째로 소금에 비벼 씻은 후 0.2cm 두께의 원형으로 일정하게 썬다.
2. 썬 오이를 소금에 살짝 절여, 면 행주에 싸서 물기를 제거한다.
3. 내기 직전에 고춧가루 양념으로 무쳐서 간을 맞춘 후 보기 좋게 그릇에 담아 낸다.

Note
생채는 무쳐서 오래 두면 빛깔이 변하고 국물이 많이 생기므로 상에 내기 직전에 무쳐 낸다.

나박김치

재 료
배추 50g, 무 50g, 배 30g, 실파 1줄기, 미나리 2줄기, 실고추 약간

김치국물 양념
다진마늘·다진생강·고춧가루·소금 약간씩

만드는법

1. 무와 배추는 씻어서 소금에 살짝 절이고, 배는 껍질을 깎아서 2.5cm×2.5cm×0.2cm의 크기로 썬다.
2. 미나리와 실파는 다듬어서 2.5cm 길이로 썬다.
3. 고춧가루는 면보에 싸서 물에 불려 붉은색이 나도록 우려 내어 김치국물 양념을 만든다.
4. 1, 2, 3을 가볍게 섞는다.
5. 건더기 60g, 김치국물 1컵이 되도록 담고 제출하기 직전에 실고추를 띄워 낸다.

Note

나박김치는 국물김치의 대표적인 것으로 무나 배추를 나박나박하게 썰었다하여 붙여진 이름이며, 주로 교자상, 떡상, 죽상 차림에 올린다. 김치를 급히 익히려면 소금물을 끓여서 조금만 식혀 부으면 바로 익힐 수 있다.

12
무생채, 나박김치, 너비아니구이, 삼색밀쌈, 삼치조림

시험시간
1시간 30분

Check point

(2003. 10. 6 시행)

❶ 무생채의 무는 0.2cm×0.2cm×6cm 크기로 길이와 굵기를 일정하게 썰고 고춧가루의 양이 너무 많지 않도록 유의해서 제출하시오.
❷ 나박김치의 재료는 2.5cm×2.5cm×0.2cm의 일정한 크기로 썰고, 건더기의 양은 60g, 김치 국물의 양은 200mL를 제출하시오.
❸ 너비아니구이의 크기는 4cm×5cm×0.5cm로 석쇠에 구워 색깔에 유의하며, 지급된 고기 전량 제출하시오.
❹ 삼색밀쌈은 2cm×4cm 크기로 각 색상별로 3개씩과 겨자초간장을 곁들여 제출하시오.
❺ 삼치조림의 삼치는 4cm 크기로, 무는 0.5cm 두께의 직사각형으로 썰어, 조린 삼치는 2토막 제출하시오.
❻ 문제의 요구 사항대로 작품의 수량이 만들어지지 않을 경우 실격 처리됩니다.
❼ 해당 과제의 지급 재료 외의 재료를 사용할 경우 득점에 관계없이 오작 처리됩니다.

무생채

재료
무 100g, 고운 고춧가루 1/2작은술, 식초 1작은술

양념장
소금 1/2작은술, 설탕 1작은술, 다진파 1/2작은술, 다진마늘 1/2작은술, 다진생강·깨소금 약간씩

만드는 법

1. 무는 0.2cm×0.2cm×6cm 크기로 채썬다.
2. 무는 색을 내기 위해 고운 고춧가루에 버무려 둔다.
3. 무의 색이 붉어지면 양념장을 넣어 고루 무치고, 식초는 맨 나중에 넣는다.
4. 완성품을 보기 좋게 접시에 소복이 담아 낸다.

Note

무채를 썬 후 소금에 절이지 않고 곧바로 고춧가루를 무치면 색이 더 빨갛게 된다.

나박김치

재료
배추 50g, 무 50g, 배 30g, 실파 1줄기, 미나리 2줄기, 실고추 약간

김치국물 양념
다진마늘 · 다진생강 · 고춧가루 · 소금 약간씩

 만드는법

1. 무와 배추는 씻어서 소금에 살짝 절이고, 배는 껍질을 깎아서 2.5cm×2.5cm×0.2cm의 크기로 썬다.
2. 미나리와 실파는 다듬어서 2.5cm 길이로 썬다.
3. 고춧가루는 면보에 싸서 물에 불려 붉은색이 나도록 우려 내어 김치국물 양념을 만든다.
4. 1, 2, 3을 가볍게 섞는다.
5. 건더기 60g, 김치국물 1컵이 되도록 담고 제출하기 직전에 실고추를 띄워 낸다.

 ote

나박김치는 국물김치의 대표적인 것으로 무나 배추를 나박나박하게 썰었다하여 붙여진 이름이며, 주로 교자상, 떡상, 죽상 차림에 올린다. 김치를 급히 익히려면 소금물을 끓여서 조금만 식혀 부으면 바로 익힐 수 있다.

너비아니구이

재료
쇠고기 100g

양념장
배 30g, 양파 20g, 간장 1큰술, 후춧가루·설탕·소금·다진파·다진마늘·깨소금·참기름 약간씩

만드는 법

1. 쇠고기는 기름기를 제거하고 6cm×7cm×0.2cm 정도로 썬 후 칼등으로 자근자근 두드리고 중간중간에 칼집을 넣는다.
2. 양념장에 고기를 재운다.
3. 석쇠에 기름을 발라 뜨겁게 달군 후 양념한 고기를 올려 타지 않게 굽는다.

Note
약한 불에서 너무 오래 구우면 수분이 날아가 질기고 맛이 없다. 석쇠에 구울 때는 처음엔 센 불에 구워서 표면을 익히고 불을 낮추어 속을 익힌다.

삼색밀쌈

재료
쇠고기(우둔) 80g, 표고버섯 5장, 오이 200g, 당근 60g, 죽순 60g, 청고추 2개, 소금·식용유·참기름 약간

고기·표고 양념
간장 1큰술, 설탕 1작은술, 다진파 1작은술, 다진마늘 1/2작은술, 깨소금 1작은술, 참기름 1작은술, 후춧가루 약간

당근 전병
밀가루 1/2컵, 당근즙 1/4컵, 소금 1/3작은술

시금치 전병
밀가루 1컵, 시금치즙 1/4컵, 소금 1/3작은술

밀전병
밀가루 1/2컵, 물 1/4컵, 소금 1/3작은술

겨자 초간장
발효겨자 1/2작은술, 간장 1큰술, 식초 1/2큰술, 설탕 1/2작은술, 물 1큰술

만드는법

1. 오이는 5cm 길이로 돌려깎아 채썰고 소금에 절여 물기를 뺀 후 프라이팬에 살짝 볶는다.
2. 당근, 죽순, 청고추는 5cm 길이로 채썰어 소금, 참기름으로 볶는다.
3. 쇠고기는 결대로 채썰고, 표고버섯은 물에 불려 곱게 채썬 후 양념하여 볶는다.
4. 밀가루에 소금과 물을 넣고 당근즙, 시금치즙을 만들어 체에 내려 세 가지 색으로 만든다.
5. 프라이팬에 세 가지 색의 밀전병을 얇게 부친다.
6. 밀전병에 준비한 소를 가지런히 놓고 지름이 2cm 되도록 단단하게 말아 4cm 길이로 썬다.
7. 겨자는 발효시켜 겨자 초간장을 만든다.
8. 접시에 밀쌈을 보기 좋게 담고 겨자 초간장을 곁들여 낸다.

삼치조림

재료
삼치 1마리, 무 100g, 양파 60g, 풋고추 2개, 붉은고추 1개

양념장
간장 3큰술, 설탕 1큰술, 고춧가루 2큰술, 청주 2큰술, 다진파 2큰술, 다진마늘 1큰술, 다진생강 1/2작은술, 후춧가루 약간

만드는 법

1. 삼치는 4cm 크기로 비스듬하게 저며 썬다.
2. 양파는 굵직하게 썰고, 대파와 고추는 어슷하게 썬다. 고추는 씨를 털어 낸다.
3. 무는 0.5cm 두께로 사각썰기하여 끓는 물에 살짝 데친다.
4. 양념장을 만든다.
5. 냄비에 무를 깔고 삼치와 양파를 넣어 양념장 1/2을 넣고 물을 부어 끓인다. 국물이 어느 정도 졸아들면 나머지 양념장을 넣고 조린 다음 대파와 고추를 넣고 좀더 조린다.

Note
생선의 살이 응고된 후 파, 마늘을 넣어야 비린내가 덜 난다. 조림 시 고기 위에 양념을 끼얹어야 골고루 간이 배어 맛이 있다.

13
북어보푸라기, 나박김치, 장국죽, 매듭자반, 명란찌개

시험시간 1시간 40분

Check point
(2003. 10. 6 / 2006 시행)

1. 북어보푸라기는 소금, 간장, 고춧가루로 삼색을 구분하여 제출하시오.
2. 나박김치의 재료는 2.5cm×2.5cm×0.2cm의 일정한 크기로 썰고, 건더기의 양은 60g, 김치국물의 양은 200mL를 제출하시오.
3. 장국죽은 불린 쌀의 반 정도를 싸라기로 만들고, 쇠고기와 표고버섯은 3cm 정도 길이로 채썰어 죽에 넣어 그릇에 담아 제출하시오.
4. 매듭자반은 폭 1cm, 길이 8cm 크기로 잘라 곱게 튀겨 제시된 재료 전량을 제출하시오.
5. 명란찌개의 젓갈은 3cm 크기로 잘라 찌개를 완성하여 제출하시오.
6. 문제의 요구 사항대로 작품의 수량이 만들어지지 않을 경우 실격 처리됩니다.
7. 해당 과제의 지급 재료 외의 재료를 사용할 경우 득점에 관계없이 오작 처리됩니다.

북어보푸라기

재 료
북어포 1마리, 고춧가루·
설탕·소금·깨소금·간장
·참기름 약간씩

 만드는법

1. 북어는 머리를 떼어 내고 뼈와 잔가시를 발라 낸 다음 숟가락으로 긁거나 강판에 갈아 보푸라기로 만든다.
2. 먼저 설탕과 참기름, 깨소금으로 양념하여 보슬보슬하게 무친다.
3. 무친 보푸라기를 3등분하여 소금, 고춧가루, 간장으로 각각 양념하여 비벼서 또다시 보슬보슬하게 무친다.
4. 삼색(소금색, 고춧가루색, 간장색)의 북어보푸라기를 한 접시에 모양 내어 담아 낸다.

Note

모양을 낼 때 두 손 사이에 놓고 눌리지 않도록 성형한 후 그릇에 담는다. 얇은 젓가락을 사용하여 윗부분을 살살 펴 주며 솜처럼 만든다.

나박김치

재 료
배추 50g, 무 50g, 배 30g, 실파 1줄기, 미나리 2줄기, 실고추 약간

김치국물 양념
다진마늘·다진생강·고춧가루·소금 약간씩

만드는법

1. 무와 배추는 씻어서 소금에 살짝 절이고, 배는 껍질을 깎아서 2.5cm× 2.5cm×0.2cm의 크기로 썬다.
2. 미나리와 실파는 다듬어서 2.5cm 길이로 썬다.
3. 고춧가루는 면보에 싸서 물에 불려 붉은색이 나도록 우려 내어 김치국물 양념을 만든다.
4. 1, 2, 3을 가볍게 섞는다.
5. 건더기 60g, 김치국물 1컵이 되도록 담고 제출하기 직전에 실고추를 띄워 낸다.

Note

나박김치는 국물김치의 대표적인 것으로 무나 배추를 나박나박하게 썰었다하여 붙여진 이름이며, 주로 교자상, 떡상, 죽상 차림에 올린다. 김치를 급히 익히려면 소금물을 끓여서 조금만 식혀 부으면 바로 익힐 수 있다.

장국죽

재료
쌀(불린 것) 120g, 쇠고기 25g, 표고버섯 1장, 간장·소금 약간씩

고기·표고 양념장
간장 1/2큰술, 다진파 1/2작은술, 다진마늘 1/4작은술, 깨소금·참기름·후춧가루 약간씩

만드는 법

1. 쌀을 불려서 반은 방망이로 으깨고 반은 그대로 둔다.
2. 쇠고기는 곱게 다지고, 표고버섯은 3cm 길이로 곱게 채썰어 양념을 해 둔다.
3. 냄비에 참기름을 두르고 쇠고기, 표고버섯, 쌀 순으로 볶는다.
4. 쌀 분량의 6배의 물을 붓고 나무 주걱으로 저어가면서 쌀이 눌러 붙지 않도록 한다. 쌀이 퍼지기 시작할 때 중불로 은근하게 끓이다가 가끔씩 저어 가며 마지막 불을 낮추며 끓인다.
5. 죽이 잘 어우러지면 간장으로 색을 내고 소금으로 간한다.
6. 보기 좋게 그릇에 담는다.

Note
죽의 간은 마지막에 맞추어야 죽이 삭지 않으며, 죽의 농도는 조르륵 흘러야 한다(풀처럼 뚝뚝 떨어지면 안 된다).
쌀 부피의 5~8배의 물을 붓고 죽을 끓인다.

매듭자반

재 료
다시마 30g, 잣 10g, 통후추 5g, 설탕 1큰술, 식용유 2컵

만드는법

1. 다시마는 먼지를 깨끗이 닦아 폭 1cm, 길이 8cm 크기로 자른다.
2. 잣은 고깔을 떼고, 통후추는 깨끗이 닦는다.
3. 다시마는 한 오리씩 매듭을 지어 그 매듭 사이에 잣과 통후추를 한 알씩 넣어 빠지지 않게 한다.
4. 150℃의 식용유에 바삭하게 튀겨 여분의 기름을 빼고 식기 전에 설탕을 뿌린다.

Note

다시마는 지나치게 황색을 띠는 것, 윤기 없는 것은 맛이 없다. 두툼하고 표면에 흰 분이 묻어 있고 손으로 찢어 먹어 보았을 때 약간 단맛이 나는 것이 좋다.

명란찌개

재 료
명란 100g, 쇠고기(양지머리) 50g, 두부 100g, 무 100g, 쪽파 30g, 새우젓 1작은술, 참기름·소금 약간씩

고기 양념
간장 1/2작은술, 다진파 2작은술, 다진마늘 1작은술, 참기름 1작은술, 설탕 1작은술, 후춧가루 약간

만드는법

1. 쇠고기는 얇게 저며 썰어 양념을 하여 냄비에 참기름을 두르고 볶다가 물을 부어 중간 불에서 장국을 끓인다.

2. 명란젓은 3cm 폭으로 자르고, 무와 두부는 3cm 크기로 납작하게 썰고, 파는 4cm 길이로 썬다.

3. 1의 국물에 무를 넣어 익으면 명란, 두부(너무 오래 끓이지 않는다.), 쪽파를 넣어 끓이다가 싱거우면 새우젓국이나 소금으로 간을 한 다음 불을 끄고 참기름을 약간 넣는다.

Note
명란찌개는 명란젓 자체가 짭짤하게 간이 되어 있어 특별히 다른 간을 할 필요가 없다. 껍질이 터지지 않는 싱싱한 명란으로 끓여야 국물이 깨끗하다. 오래 끓이면 알이 흩어져 국물이 지저분하므로 주의한다.

14
알찜, 오이소박이, 호박전, 멸치조림, 규아상

시험시간
1시간 40분

Check point
(2003. 10. 6 시행)

1. 알찜에서 실고추·실파·석이버섯은 2cm로 채썰어 고명으로 사용하고, 찜통을 이용해 쪄낸 완성품을 제출하시오.
2. 오이소박이는 완성품의 길이를 6cm 정도로 하여 3개 제출하시오.
3. 호박전의 호박의 크기는 둥글게 0.5cm 두께로 썰며, 5개의 완성품과 초간장을 같이 제출하시오.
4. 멸치조림은 양념이 골고루 묻어 있어야 하고 서로 엉기지 않도록 완성하여 제출하시오.
5. 규아상은 7개를 만들어 쪄서 초간장과 함께 제출하시오.
6. 문제의 요구 사항대로 작품의 수량이 만들어지지 않을 경우 실격 처리됩니다.
7. 해당 과제의 지급 재료 외의 재료를 사용할 경우 득점에 관계없이 오작 처리됩니다.

알찜

재료
달걀 1개, 새우젓 2작은술, 물 달걀의 약 2배, 실고추·대파·석이버섯·소금·참기름 약간씩

만드는 법

1. 달걀을 풀어 적당량의 물을 섞고 체에 걸러 거품을 없앤 후 곱게 짠 새우젓 국물을 넣어 간을 맞춘다.
2. 석이버섯은 뜨거운 물에 불린 후 비벼 씻어 0.2cm×2cm로 곱게 채썰고, 소금·참기름으로 무쳐 살짝 볶는다.
3. 실파는 0.3cm×2cm로 어슷썰고, 실고추는 2cm 길이로 짧게 잘라 놓는다.
4. 1의 달걀물을 찜 그릇에 담아 뚜껑을 덮고 열이 오른 찜통에서 10여 분 정도 중불에서 찐다.
5. 달걀이 익으면 준비된 석이채, 파채, 실고추를 얹어 다시 살짝 김을 한 번 올려서 낸다.

Note
알찜은 물과 달걀 비율(2:1)이 중요하며, 뚜껑을 완전히 덮고 익힌다(뚜껑을 덮지 않고 익히면 입자가 커진다).

오이소박이

재료
오이 1개, 소금 약간

소 양념
부추 20g, 파 1/2뿌리, 마늘 2쪽, 생강 1/2쪽, 고춧가루·물 약간씩

만드는법

1. 파, 마늘, 생강은 다진다.
2. 오이는 6cm 길이로 잘라 양끝 1cm를 남기고 열십자로 칼집을 넣어 소금물에 절인다.
3. 부추는 0.5cm 길이로 송송 썰어 양념 소를 만든다.
4. 절여진 오이는 면보를 이용해서 물기를 꼭 짠 다음 칼집 사이에 소를 고루 넣는다.
5. 소를 버무린 그릇에 소금을 약간 넣고 물을 부어 국물을 만들어 완성품 위에 부어 낸다.

Note
오이가 덜 절여지면 소를 채워 넣을 때 끝이 갈라지므로 주의해야 한다.

호박전

재 료
애호박 1/2개, 홍고추 1개, 달걀 1개, 밀가루·소금·식용유 약간씩

초간장
간장 1큰술, 식초 1/2큰술, 설탕 1/2작은술, 잣가루 1/4작은술

만드는법

1. 애호박은 0.5cm 정도의 두께로 썰어 소금에 온전히 절인 다음 10분 정도 후에 물기를 닦는다.
2. 홍고추는 씨와 속을 뜯어 내고 꽃모양을 만든다.
3. 밀가루를 묻히고 달걀을 씌워 달구어진 프라이팬에 기름을 두르고 노릇노릇하게 지지면서 2를 올려 지진다.
4. 초간장을 곁들여 낸다.

Note
호박은 버섯, 새우, 잔멸치와 잘 어울리므로 전을 부칠 때 소로 이용하면 영양소를 골고루 섭취할 수 있다. 호박전은 여러 번 뒤집으면 모양이 흐트러지므로 한번에 완전히 익힌 다음 한 번만 뒤집도록 한다.

멸치볶음

재료
잔멸치 200g, 식용유 1큰술, 물엿 2큰술, 참기름 1작은술, 실고추 약간, 통깨 1/2큰술

양념장
간장 2큰술, 설탕 1큰술, 다진파 2작은술, 다진마늘 1작은술, 다진생강 1/3작은술

만드는 법

1. 멸치는 티를 골라 내고 달군 프라이팬에 식용유를 두르지 말고 다진 마늘을 볶다가 잔멸치를 재빨리 바삭하게 볶는다.
2. 프라이팬에 양념장을 넣고 끓으면 볶아 낸 멸치를 넣어 뒤적이다가 물엿을 넣어 고루 섞고 통깨, 실고추, 참기름을 넣어 마무리한다.

Note

멸치볶음을 할 때 고추장과 고춧가루를 넣고 볶아야 하는데, 고추장은 칼칼한 맛을 내고, 고춧가루는 깨끗한 맛을 낸다.
중멸치는 머리와 내장을 빼고 조림을 한다.

규아상(미만두)

만드는 법

재 료
밀가루 1과1/2컵, 쇠고기 (우둔) 150g, 표고(중) 5장, 오이(중) 1개, 소금·식용유·잣 1큰술, 담쟁이잎 약간

고기 양념
간장 1큰술, 설탕 1/2큰술, 다진파 2작은술, 다진마늘 1작은술, 참기름 1작은술, 소금·후춧가루 약간씩

초간장
간장 2큰술, 식초 1큰술, 설탕 1작은술

1. 밀가루에 소금물을 넣고 반죽하여 30분 정도 두었다가 치대어 얇게 밀어서 지름이 8cm의 둥근 모양으로 만두피를 만들어 녹말가루를 묻혀 붙지 않게 한다.
2. 마른 표고는 불려서 가늘게 채로 썰고, 쇠고기는 살로 곱게 다져서 고기 양념으로 무쳐 번철에 볶아 접시에 펴서 식힌다.
3. 오이는 4cm 길이로 토막 내어 돌려깎아 채로 썰어 소금에 절였다가 꼭 짜서 기름을 두르고 재빨리 볶아 내어 식힌다.
4. 볶은 고기와 오이, 잣을 합하여 고루 섞어 소를 만든다. 만두피를 평평한 곳에 놓고 소를 넣은 후 가운데 해삼 모양으로 등에 주름을 잡아 오무려 주고 양끝을 삼각지게 찝어서 빚는다.
5. 찜통에 담쟁이 잎을 깔고 5분 정도 쪄 낸 후 초간장을 곁들여 낸다.

Note 규아상은 여름철에 먹는 만두로 담쟁이 잎을 깔고 쪄 낸다. 궁에서는 규아상을 해삼 모양처럼 주름이 잡혔다하여 해삼만두라고도 불렀다.

15
콩나물밥, 잡채, 두부선, 장김치, 너비아니구이

시험시간 **2시간 10분**

Check point
(2003. 10. 7 / 2006 시행)

① 콩나물밥의 콩나물은 꼬리를 다듬고, 쇠고기는 채썬 다음 쌀과 함께 밥을 지어 전량 제출하고 양념 간장을 곁들여 제출하시오.

② 잡채의 재료인 쇠고기, 양파, 오이, 당근, 도라지, 표고버섯은 0.3cm×0.3cm×6cm 크기로 썰고, 주어진 재료는 굵기와 크기를 일정하게 하여 양과 색깔을 골고루 배합하여 고명을 올려 제출하시오.

③ 두부선은 3cm×3cm×1cm 크기로 하여 완성하고, 초간장을 곁들여 제출하시오.

④ 장김치의 재료 중 무, 배추, 배는 3cm×2.5cm×0.2cm로 썰어 완성품을 제출하시오.

⑤ 너비아니구이의 크기는 4cm×5cm×0.5cm로 석쇠를 이용하여 굽고, 모양과 색깔에 유의하며, 지급된 고기 전량 제출하시오.

⑥ 문제의 요구 사항대로 작품의 수량이 만들어지지 않을 경우 실격 처리됩니다.

⑦ 해당 과제의 지급 재료 외의 재료를 사용할 경우 득점에 관계없이 오작 처리됩니다.

콩나물밥

재료
쌀(불린 것) 120g, 콩나물 60g, 쇠고기(우둔) 50g

고춧가루 양념간장
간장 1큰술, 다진파 1작은술, 다진마늘 1/2작은술, 고춧가루 1/2작은술, 깨소금 1/2작은술, 참기름 1/2작은술

만드는 법

1. 쌀은 씻어서 불리고, 콩나물은 껍질과 상한 부위를 제거하여 깨끗이 씻어 놓는다.
2. 쇠고기는 0.2cm×0.2cm×6cm의 크기로 결대로 곱게 채썬다.
3. 물에 불린 쌀을 안치고 그 위에 쇠고기와 콩나물을 얹어 밥물을 부어 끓으면 중불로 익힌 다음 뜸을 충분히 들여 밥을 짓는다.
4. 콩나물과 쇠고기를 골고루 섞어서 콩나물밥을 담아 낸다.

Note
콩나물밥을 지을 때 사용하는 고기는 핏물을 제거한 후 사용하며, 식용유를 한방울 넣고 밥을 지으면 윤기가 난다.

잡 채

재 료
당면 40g, 쇠고기 50g, 건표고버섯 1장, 목이버섯 3장, 오이 1/4개, 양파 1/4개, 당근 30g, 통도라지 1뿌리, 달걀 1개, 숙주 20g, 식용유 약간

당면·버섯 양념
간장 1큰술, 참기름 1작은술, 설탕 1작은술

고기 양념
간장 1/2작은술, 참기름 1/2작은술, 설탕 1/2작은술, 소금·다진마늘·다진파·깨소금·후춧가루 약간씩

만드는법

1. 건표고버섯, 목이버섯은 미지근한 물에 불린다. 쇠고기, 표고버섯은 0.3cm×0.3cm×6cm 크기로 채썰고 목이버섯은 손으로 찢어 버섯 양념한다.
2. 숙주는 거두절미하고 끓는 물에 데쳐서 소금과 참기름으로 양념한다.
3. 오이는 6cm 길이로 잘라서 돌려깎기한 후 채썰어 소금에 살짝 절여 물기를 뺀다.
4. 양파, 당근, 도라지는 6cm 길이로 채썰어 소금에 절여 물기를 꼭 짠다.
5. 달걀을 황·백으로 나누어서 지단을 부쳐 6cm로 채썬다.
6. 프라이팬에 기름을 두르고 양파, 도라지, 오이, 당근, 목이버섯, 표고버섯, 쇠고기 순으로 각각 따로 볶는다.
7. 냄비에 물이 끓으면 당면을 삶아 냉수에 헹군 후 적당한 길이로 잘라 당면 양념으로 밑간을 한 다음 프라이팬에 볶는다.
8. 그릇에 당면과 볶은 채소를 넣고 버무려 간장, 설탕, 참기름으로 간을 맞춘 후 접시에 잡채를 담고 황·백 지단을 고명으로 얹어 낸다.

두부선

재 료
두부 1/2모, 닭가슴살 60g, 홍고추 1/4개, 청고추 1/2개, 건표고버섯 2장, 식용유 약간

고 명
석이버섯 1장, 대추 2알, 달걀 1개, 실백 3g, 실고추 약간

두부 양념
소금 1/2작은술, 다진파 2작은술, 다진마늘 1작은술, 참기름 1/2작은술, 깨소금 1작은술, 후춧가루 약간

초간장
간장 1큰술, 식초 1작은술, 설탕 1작은술

만드는법

1. 두부는 거즈에 물기를 짜서 으깨고, 닭고기는 곱게 다진다.
2. 홍고추, 청고추는 씨를 빼서 다지고, 건표고버섯은 따뜻한 물에 불려 기둥을 따 내고 포를 떠서 곱게 채썬다.
3. 석이버섯은 따뜻한 물에 불려 뒷면의 이끼와 돌을 제거하고 곱게 채썬다.
4. 대추는 돌려깎기하여 밀대로 밀어 채썰고, 실백은 고깔을 따서 비늘잣을 만들고, 실고추는 2cm 길이로 자른다.
5. 달걀은 황·백으로 나누어 지단을 부친 후 0.1cm×0.1cm×2cm로 가늘게 채썬다. 흰자는 조금 남긴다(**7**에 사용).
6. **1**을 계속 치대여 두부 양념하고 **2**의 채소와 고루 섞어 납작한 그릇에 젖은 면보를 깔고 1cm 두께로 정사각으로 펴 놓는다.
7. **6**에 **3**, **4**, **5**를 고루 뿌려 눌러 주고 표고채, 비늘잣(흰자를 바른 후에 고명을 올려야 잘 붙는다.)을 올린 후 찜통에서 10여 분 쪄낸 후 식힌다.(찜솥에서 꺼낼 때는 찬물을 약간 끼얹어야 손을 데지 않는다.)
8. 쪄진 두부선은 3cm×3cm×1cm로 썰어 접시에 보기 좋게 담아 내고 초간장을 곁들인다.

장김치

재료
무 80g, 배추 80g, 갓 20g, 미나리(1줄기) 10g, 파(1줄기) 10g, 건표고버섯 1개, 석이버섯 10g, 대추 1개, 생강 3g, 마늘 5g, 배 1/8개, 실고추 1줄기, 밤 20g, 잣 1작은술

김치국물
간장 4큰술, 물 2컵, 소금·설탕 약간씩

만드는법

1. 무는 3cm×2.5cm×0.2cm로 썰어 간장에 절인다.
2. 배추도 무와 같은 크기로 썰어서 무가 어느 정도 절여진 후 함께 절인다.
3. 파, 마늘, 생강은 3cm×0.1cm로 곱게 채썰고, 미나리·표고버섯·석이버섯은 손질하여 3cm로 짧게 채썬다.
4. 배는 무 크기로 썰고, 밤은 편썰기하며, 잣은 고깔을 뗀다.
5. 대추는 돌려깎기하여 씨를 빼고 채썬다.
6. 절인 김칫거리는 국물을 따르고(버리지 말기), 나머지 재료를 섞어 놓는다.
7. 6의 국물에 물을 섞어 간을 맞추고, 섞은 재료에 국물을 부어 그릇에 담아 낸다. 실고추와 석이버섯, 대추채, 잣을 올린다.

Note
장김치의 국물 색은 간장으로 내는데, 처음 담았을 때 내고자 하는 색보다 진해야 한다. 무, 배추가 익으면서 수분이 나와 색이 흐려지기 때문이다.

너비아니구이

재료
쇠고기 100g

양념장
배 30g, 양파 20g, 간장 1 큰술, 후춧가루·설탕·소금·다진파·다진마늘·깨소금·참기름 약간씩

만드는 법

1. 쇠고기는 기름기를 제거하고 6cm×7cm×0.2cm 정도로 썬 후 칼등으로 자근자근 두드리고 중간중간에 칼집을 넣는다.
2. 양념장에 고기를 재운다.
3. 석쇠에 기름을 발라 뜨겁게 달군 후 양념한 고기를 올려 타지 않게 굽는다.

Note

약한 불에서 너무 오래 구우면 수분이 날아가 질기고 맛이 없다. 석쇠에 구울 때는 처음엔 센 불에 구워서 표면을 익히고 불을 낮추어 속을 익힌다.

16
오이소박이, 수란, 어만두, 두부선, 삼색경단

시험시간 **2시간**

Check point
(2003. 10. 7 / 2007. 10. 13 시행)

❶ 오이소박이의 길이는 6cm 정도로 하며, 소를 만들 때 부추의 길이는 0.5cm로 한다. 완성된 오이소박이는 3개 제출하시오.
❷ 수란은 흰자가 노른자를 완전히 덮은 상태로 고명을 올려 제출하시오.
❸ 어만두는 생선을 7~9cm 정도 크기로 얇게 떠서 6개의 어만두와 겨자 초간장을 제출하시오.
❹ 두부선은 3cm×3cm×1cm 크기로 하여 완성하고, 초간장을 곁들여 제출하시오.
❺ 삼색경단의 완자는 지름 2cm 크기로 하여 3가지 고물로 만들어 각각 3개씩 제출하시오.
❻ 문제의 요구 사항대로 작품의 수량이 만들어지지 않을 경우 실격 처리됩니다.
❼ 해당 과제의 지급 재료 외의 재료를 사용할 경우 득점에 관계없이 오작 처리됩니다.

오이소박이

재료
오이 1개, 소금 약간

소 양념
부추 20g, 파 1/2뿌리, 마늘 2쪽, 생강 1/2쪽, 고춧가루·물 약간씩

만드는 법

1. 파, 마늘, 생강은 다진다.
2. 오이는 6cm 길이로 잘라 양끝 1cm를 남기고 열십자로 칼집을 넣어 소금물에 절인다.
3. 부추는 0.5cm 길이로 송송 썰어 양념 소를 만든다.
4. 절여진 오이는 면보를 이용해서 물기를 꼭 짠 다음 칼집 사이에 소를 고루 넣는다.
5. 소를 버무린 그릇에 소금을 약간 넣고 물을 부어 국물을 만들어 완성품 위에 부어 낸다.

Note
오이가 덜 절여지면 소를 채워 넣을 때 끝이 갈라지므로 주의하여야 한다.

수란

재료
달걀 1개, 석이버섯 1장, 식초 1큰술, 실파·실고추·소금·참기름 약간씩

 만드는 법

1. 냄비에 수란기나 국자가 충분히 잠길 만큼 물을 넉넉히 붓고 소금을 넣어 끓인다.
2. 수란기나 국자에 약간의 참기름을 발라 끓는 물에 길들인 후 노른자가 터지지 않게 달걀을 깨뜨린다.
3. 달걀을 국자 중앙에 오도록 조심스럽게 부은 후 끓는 물 표면에서 서서히 익혀 수저로 물을 붓는다.
4. 노른자가 하얀 막으로 덮이면 불을 줄이고, 물속에 조심스럽게 넣어 반숙으로 익힌다.
5. 석이버섯, 실파, 실고추는 0.1cm×1cm 크기로 고운 채를 썬다.
6. 반숙란을 조심스럽게 그릇에 옮겨 담고, 내기 직전에 실고추, 석이버섯, 파채를 보기 좋게 얹어 낸다.

수란 조리 시에는 끓는 물에 소금과 식초를 넣어서 달걀의 응고를 촉진시킨다.

어만두

재료
동태 1마리, 쇠고기 50g, 표고버섯 3장, 목이버섯 2장, 숙주 50g, 녹말가루 약간, 오이 1/2개, 홍고추 1/2개, 석이버섯 2장, 쑥갓 1잎, 달걀 1개

고기·소 양념
진간장 1큰술, 설탕 1작은술, 다진파·다진마늘·깨소금·참기름·소금·후춧가루 약간씩

겨자 초간장
간장 1큰술, 식초 1작은술, 설탕 1작은술, 발효겨자 1작은술, 물 1큰술

만드는법

1. 생선은 내장을 빼고 껍질을 벗긴 후 칼을 눕혀서 폭과 길이가 7~9cm 정도 되게 얇게 떠서 소금과 흰후춧가루를 뿌린다.
2. 쇠고기는 다지고, 표고버섯과 목이버섯은 불린 후 곱게 채썰어 합하여 고기 양념을 한 후 번철에 볶아 식힌다.
3. 숙주는 끓는 물에 소금을 넣고 데쳐서 물기를 꼭 짠 후 송송 썬다. 오이는 돌려깎기하여 채썰어 소금에 절였다가 살짝 볶아서 식힌다.
4. 1의 생선에 수분을 없애고 녹말을 한 면에 묻혀 도마 위에 놓는다. 2, 3을 섞어서 소를 만들어 한 큰술씩 떠놓고 말 때 겉에 녹말을 묻혀 꼭꼭 쥐어 찜통에 젖은 행주를 깔고 생선이 투명하게 되도록 찐다.
5. 곁들일 오이, 홍고추, 표고버섯, 석이버섯, 달걀은 2cm×4cm의 골패형으로 썰어 녹말을 묻혀 데쳐 내어 바로 찬물에 헹구어 접시에 장식한다.
6. 접시에 쑥갓과 어만두를 놓고, 겨자 초간장을 같이 곁들여 낸다.

※ 어만두에 곁들일 재료는 메뉴의 구성이나 지급되는 재료 혹은 요구 사항 지시에 따라 만들 수도 있고 만들지 않을 수도 있다.

두부선

재 료
두부 1/2모, 닭가슴살 60g, 홍고추 1/4개, 청고추 1/2개, 건표고버섯 2장, 식용유 약간

고 명
석이버섯 1장, 대추 2알, 달걀 1개, 실백 3g, 실고추 약간

두부 양념
소금 1/2작은술, 다진파 2작은술, 다진마늘 1작은술, 참기름 1/2작은술, 깨소금 1작은술, 후춧가루 약간

초간장
간장 1큰술, 식초 1작은술, 설탕 1작은술

만드는법

1. 두부는 거즈에 물기를 짜서 으깨고, 닭고기는 곱게 다진다.
2. 홍고추, 청고추는 씨를 빼서 다지고, 건표고버섯은 따뜻한 물에 불려 기둥을 따 내고 포를 떠서 곱게 채썬다.
3. 석이버섯은 따뜻한 물에 불려 뒷면의 이끼와 돌을 제거하고 곱게 채썬다.
4. 대추는 돌려깎기하여 밀대로 밀어 채썰고, 실백은 고깔을 따서 비늘잣을 만들고, 실고추는 2cm 길이로 자른다.
5. 달걀은 황·백으로 나누어 지단을 부친 후 0.1cm×0.1cm×2cm로 가늘게 채썬다. 흰자는 조금 남긴다(7에 사용).
6. 1을 계속 치대여 두부 양념하고 2의 채소와 고루 섞어 납작한 그릇에 젖은 면보를 깔고 1cm 두께로 정사각으로 펴 놓는다.
7. 6에 3, 4, 5를 고루 뿌려 눌러 주고 표고채, 비늘잣(흰자를 바른 후에 고명을 올려야 잘 붙는다.)을 올린 후 찜통에서 10여 분 쪄낸 후 식힌다.(찜솥에서 꺼낼 때는 찬물을 약간 끼얹어야 손을 데지 않는다.)
8. 쪄진 두부선은 3cm×3cm×1cm로 썰어 접시에 보기 좋게 담아 내고 초간장을 곁들인다.

삼색경단

재 료
찹쌀가루 2컵, 잣 1큰술, 소금 1작은술, 꿀 약간

고 물
카스테라 고물 2큰술, 팥계피 고물 2큰술, 참깨 2큰술

만드는법

1. 찹쌀가루는 소금과 함께 체에 쳐서 익반죽을 한다.
2. 1을 지름이 2cm 정도 되게 떼어서 잣 1알을 넣고 동그랗게 9개 빚어 끓는 물에 넣어 떠오르면 건져 찬물에 담가 식혀서 물기를 빼고 꿀에 담근다.
3. 2를 3등분하여 카스테라, 참깨, 팥계피 고물을 각각 묻혀 그릇에 담는다.

Note
경단은 만드는 방법이 간단하므로 만들 때 재료를 넉넉히 준비하여 냉동고에 넣어두면 필요할 때 언제라도 쉽게 만들 수 있다.

어선, 화양적, 더덕생채, 호박눈썹나물, 죽순찜

시험시간 **2시간**

Check point
(2004. 9. 21 / 2006. 10. 11 / 2009. 4. 24 시행)

① 어선은 지름 3cm, 두께 2cm 정도로 완성하여 5개를 담고 초간장을 곁들여 제출하시오.
② 화양적의 길이는 6cm가 되도록 하고 꼬치의 양끝을 1cm 남기고 2개를 제출하시오.
③ 더덕생채의 더덕은 두들겨 펴서 부스러지지 않도록 가늘고 길게 찢어 양념하여 제출하시오.
④ 호박눈썹나물은 호박을 눈썹 모양으로 썰어서 볶아 제출하시오.
⑤ 죽순찜은 등쪽으로 어슷하게 3~4cm 간격의 칼집을 내어 고명을 올려 완성품 2개를 제출하시오.
⑥ 문제의 요구 사항대로 작품의 수량이 만들어지지 않을 경우 실격 처리됩니다.
⑦ 해당 과제의 지급 재료 외의 재료를 사용할 경우 득점에 관계없이 오작 처리됩니다.

어 선

재 료
생선 1마리, 쇠고기 50g, 표고버섯 1개, 달걀 1개, 당근 1/3개, 오이 1/2개, 소금·흰후춧가루·녹말가루·파·마늘·초간장·참기름 약간씩

고기 양념
간장 1/2작은술, 참기름 1/2작은술, 설탕 1/2작은술, 소금·마늘·파·깨소금·후춧가루 약간씩

만드는법

1. 생선살은 얇게 같은 두께로 칼을 눕혀 포를 떠서 수분을 흡수한 후에 소금, 흰후춧가루를 뿌린다.
2. 쇠고기는 곱게 채썰고, 표고버섯은 불려서 곱게 채썰어 합하여 고기 양념해서 볶아 접시에 펴서 식힌다.
3. 달걀은 황·백 지단을 부쳐 곱게 채썬다.
4. 오이와 당근은 4cm로 토막 내어 돌려깎아 가는 채로 썰어 소금에 잠시 절였다가 뜨거운 번철에 기름을 두르고 볶아 접시에 펴서 식힌다.
5. 도마에 대발을 놓고 위에 젖은 면보를 펴서 생선포를 네모지게 펴 놓고 칼등으로 자근자근 두들긴다. 녹말가루를 고루 뿌린 후 준비한 재료 2, 3, 4를 골고루 색 맞추어 놓고 끝은 녹말을 되직하게 풀어서 발라 꼭꼭 눌려 만다.
6. 김이 오른 찜통에 10여 분 찐 후 꺼내어 식혀서 지름 3cm, 두께 2cm 정도의 크기로 썰어 접시에 담고 초간장을 곁들인다.

화양적

재 료
쇠고기 40g, 건표고 1장, 당근 1/2개, 오이 1/4개, 통도라지 2뿌리, 잣 8개, 산적꼬챙이 2개, 파 10g, 마늘 1쪽, 소금·식용유 약간씩

고기·표고 양념장
간장 1작은술, 설탕 1/4작은술, 다진파 1/2작은술, 다진마늘 1/4작은술, 깨소금·참기름·후춧가루 약간씩

만드는 법

1. 건표고는 미지근한 물에 불린 후 1cm×6cm×0.6cm로 썬다.
2. 오이, 당근, 통도라지는 각각 길이 1cm×6cm×0.6cm로 썬다.
3. 끓는 물에 소금을 약간 넣고 당근, 도라지를 데친 다음 찬물에 헹군다.
4. 쇠고기는 1cm×7cm×0.5cm로 썰어 앞뒤에 잔 칼집을 낸다.
5. 쇠고기와 표고버섯은 양념을 해 놓는다.
6. 프라이팬에 기름을 두르고 오이, 도라지, 당근, 표고버섯, 쇠고기 순서로 각각 볶는다.
7. 산적꼬챙이에 볶은 재료를 색 맞추어 끼워 양끝이 1cm 남도록 자른다.
8. 접시에 담고 잣가루를 뿌려 낸다.

Note
화양적은 각 재료의 색을 선명하게 살려 익혀서 색 맞추어 꼬챙이에 끼워 만든 누름적이다.

더덕생채

재 료
더덕 150g, 소금 약간

양념장
고운고춧가루 1/2큰술, 고추장 1/2큰술, 설탕 1/2큰술, 식초 1/2큰술, 다진파 1작은술, 다진마늘 1/2작은술, 깨소금 1/2작은술

만드는법

1. 더덕은 껍질을 돌려가며 벗긴 후 반으로 갈라 소금물에 담가 쓴맛을 우려 낸다.
2. 물기를 없애고 방망이로 민 다음, 가늘게 찢어 고운 고춧가루로 묻혀 둔다.
3. 더덕에 양념장을 넣어 무친다.

Note

더덕과 같이 쓴맛이 있는 식품은 설탕을 넣으면 쓴맛을 줄일 수 있으며, 생채는 물이 생기지 않도록 내기 직전에 양념하여 무친다.

호박눈썹나물

재료
호박 1/4개, 쇠고기 30g, 새우젓 1작은술, 홍고추 1개, 식용유·소금·다진파·다진마늘·통깨 약간씩

고기 양념
간장 1큰술, 후춧가루·다진파·다진마늘·설탕·통깨 약간씩

만드는법

1. 호박은 애호박으로 준비해 반으로 잘라 씨를 도려낸 후 반달 모양으로 썰어 소금에 절인 후 물기를 제거한다.
2. 홍고추는 3cm 길이로 채썬다.
3. 쇠고기는 0.3cm×0.3cm×4cm로 채썰어 고기 양념한다.
4. 프라이팬에 식용유를 두르고 양념한 쇠고기를 볶는다.
5. 쇠고기가 익으면 절인 호박, 새우젓, 다진 파, 다진 마늘, 홍고추를 넣고 다시 볶은 후 통깨를 뿌려 접시에 담는다.

Note
절여진 호박은 살짝 짭짤해야 뭉개지지 않는다.

죽순찜

재 료
죽순 2개, 쇠고기 50g, 달걀 1개, 건표고버섯 2개, 실고추·석이버섯 약간씩

고기·버섯 양념
간장 1큰술, 다진마늘·다진파·참기름·후춧가루·설탕·소금 약간씩

조림장
간장 1큰술, 설탕 1작은술, 물 1컵

만드는법

1. 죽순은 반으로 잘라 삶아 낸 후 등쪽으로 어슷하게 3~4cm 간격으로 칼집을 낸다.
2. 표고버섯은 불려서 채썰고, 달걀은 황·백 지단을 부쳐서 채썬다.
3. 쇠고기와 표고버섯은 양념 후 볶는다. 석이버섯도 불려 채썰어 참기름을 넣고 살짝 볶는다.
4. 냄비에 죽순을 담고 조림장을 넣고 끓인다.
5. 죽순에 간이 충분히 배도록 익혀 국물이 줄어들면 그릇에 담고 2, 3과 실고추를 차례대로 얹는다.

Note
죽순은 왕죽순이 좋으며, 부드러운 껍질은 버리지 말고 데쳐서 나물로도 무쳐 먹는다. 생죽순이 나오지 않을 때에는 통조림 죽순을 사용한다. 죽순은 소갈증을 다스리고 이뇨작용을 도우며 저담·불면증·주독을 풀어준다.

18
미나리강회, 무생채, 오징어볶음, 옥수수전, 연근조림

시험시간 **1시간 40분**

Check point
(2004. 9. 21 / 2006. 10. 10 / 2009. 4. 25 시행)

1. 미나리강회는 1cm×4cm×0.3cm 전후의 크기로 하여 완성된 강회 8개와 초고추장을 제출하시오.
2. 무생채의 무는 0.2cm×0.2cm×6cm 크기로 길이와 굵기를 일정하게 썰고, 고춧가루의 양이 너무 많지 않도록 유의해서 제출하시오.
3. 오징어볶음의 오징어는 0.3cm 폭으로 가로 세로 칼집을 넣어 길이 4cm, 폭 2cm 크기로 잘라서 볶아 제출하시오.
4. 옥수수전은 5cm 크기로 지져서 5개 제출하시오.
5. 연근조림의 연근은 0.3cm 두께로 썰어 삶아서 윤기나게 조림하여 제출하시오.
6. 문제의 요구 사항대로 작품의 수량이 만들어지지 않을 경우 실격 처리됩니다.
7. 해당 과제의 지급 재료 외의 재료를 사용할 경우 득점에 관계없이 오작 처리됩니다.

미나리강회

재료
미나리 50g, 쇠고기 80g, 홍고추 1/2개, 달걀 1개, 소금 약간

초고추장
고추장 1큰술, 식초 1큰술, 설탕 2작은술, 물 1작은술

 만드는법

1. 쇠고기는 핏물을 제거한 후 끓는 물에 삶아 눌러 식혀서 1cm×4cm×0.3cm로 썬다.
2. 미나리는 줄기만 다듬어 끓는 물에 소금을 넣고 데쳐서 찬물에 헹궈 물기를 제거한다.
3. 달걀은 황·백 지단을 도톰하게 부친 후 식으면 1과 같은 크기로 썬다.
4. 홍고추는 반으로 갈라 씨를 빼고 폭 0.3cm, 길이 3cm로 썬다.
5. 쇠고기, 백지단, 황지단, 홍고추 순으로 가지런히 얹고 미나리로 중간을 감아 준다. 미나리는 전체 길이의 1/3 정도만 감는다. 초고추장을 곁들여 낸다.

Note
강회의 재료를 미나리로 감을 때에는 미나리가 많이 겹치지 않도록 한다. 미나리의 매듭은 밑으로 가게 감는 것이 좋다.

무생채

재료
무 100g, 고운 고춧가루 1/2작은술, 식초 1작은술

양념장
소금 1/2작은술, 설탕 1작은술, 다진파 1/2작은술, 다진마늘 1/2작은술, 다진 생강·깨소금 약간씩

만드는법

1. 무는 0.2cm×0.2cm×6cm 크기로 채썬다.
2. 무는 색을 내기 위해 고운 고춧가루에 버무려 둔다.
3. 무의 색이 붉어지면 양념장을 넣어 고루 무치고, 식초는 맨 나중에 넣는다.
4. 완성품을 보기 좋게 접시에 소복이 담아 낸다.

Note
무채를 썬 후 소금에 절이지 않고 곧바로 고춧가루를 무치면 색이 더 빨갛게 된다.

오징어볶음

재료
오징어 1마리, 양파 40g, 홍고추 1/2개, 청고추 1/2개, 대파 1뿌리

양념 고추장
고추장 2큰술, 간장 1/4작은술, 고춧가루 1작은술, 물엿 1큰술, 설탕 1작은술, 마늘 1작은술, 파 2작은술, 참기름 1작은술, 후춧가루 1/8작은술

만드는 법

1. 오징어는 반으로 갈라 껍질과 내장을 손질한 후 깨끗이 씻는다.
2. 오징어 안쪽에 0.3cm 간격으로 대각선이 가로 세로 겹치게 칼집을 넣어 길이 4cm, 폭 2cm 크기로 썬다.
3. 대파, 홍고추, 청고추는 어슷하게 썬다.
4. 양파는 양끝을 다듬고 길이는 4cm, 폭 1cm로 썬다.
5. 프라이팬에 기름을 두르고 먼저 양념장을 볶다가 오징어를 넣어 볶고 나머지 채소를 볶는다.
6. 참기름으로 맛을 낸 다음 접시에 담는다.

Note
오징어는 껍질을 벗긴 후 안쪽에 칼집을 대각선으로 고르게 넣고 썰어야 꽃 모양 혹은 솔방울 모양이 길게 잘 나온다.

옥수수전

재료

옥수수(캔) 200g, 숙주 30g, 고사리 30g, 표고버섯 2장, 붉은고추 1개, 대파 1/3대, 밀가루 3큰술, 소금 약간, 식용유 4큰술

 만드는법

1. 옥수수는 깨끗이 씻어 물기를 제거하고 곱게 다진다.
2. 숙주나물, 고사리는 깨끗이 다듬은 후 살짝 데쳐서 헹구어 물기를 꼭 짠다.
3. 표고버섯은 물에 불려 채를 썬다.
4. 옥수수에 밀가루와 2, 3을 모두 넣고 물을 부어 재료가 서로 엉기도록 걸쭉하게 반죽을 한다.
5. 붉은고추와 대파는 둥글게 썰거나 채를 썰어 고명을 준비한다.
6. 달군 프라이팬에 식용유를 두르고 5cm 크기로 지지다가 파채와 붉은고추를 고명으로 얹어 지져 낸다.

ote

옥수수는 상하기 쉬운 식품이다. 통조림 사용 시 쓰고 남은 옥수수는 다른 용기에 담아서 0℃의 저온에서 관리하는 것이 좋다.

연근조림

재 료
연근 300g(식초 1큰술, 물 2컵), 참기름 1/4작은술, 깨소금 1/4작은술

조림장
간장 4큰술, 설탕 3큰술, 물 1컵, 양파 30g, 마늘 3톨, 통후추 5알, 건고추 2개, 생강 1톨, 대파 20g

만드는법

1. 연근은 너무 굵지 않은 것으로 구입하여 껍질을 벗기고 0.3cm 두께로 썰어 식초물에 10여 분 담가 둔다.
2. 1의 연근을 건져 내어 찬물에서 삶는다.
3. 조림장에 2의 연근을 넣고 조린다.
4. 3이 어느 정도 졸아 국물이 약간 남아 있을 때 연근을 건진 후 참기름, 깨소금으로 마무리하여 그릇에 담아 낸다.

Note

연근은 공기 중에 방치하면 갈변되므로 식초물에 담가 보관해야 변색을 막을 수 있다. 연근을 식초에 삶아 내는 이유는 연근에 포함된 산화 효소가 물에 녹으므로 갈변 작용이 중지되기 때문이다. 또한 무, 연근 등 뿌리 채소류는 찬물에서 삶아야 부드럽다.

19
무생채, 오이선, 두부젓국찌개, 꽃게찜, 사슬적

시험시간 **2시간**

Check point
(2004. 9. 22 / 2007. 10. 11 / 2007. 10. 14 시행)

❶ 무생채의 무는 0.2cm×0.2cm×6cm 크기로 길이와 굵기를 일정하게 썰고, 고춧가루의 양이 너무 많지 않도록 유의해서 제출하시오.

❷ 오이선은 4cm 간격으로 어슷하게(반원 모양) 썰어 완성품 5개를 제출하시오.

❸ 두부젓국찌개의 두부는 2cm×3cm×1cm 크기로, 붉은고추는 0.5cm×3cm 크기로, 실파는 3cm 길이로 썰어 완성하여 제출하시오.

❹ 꽃게찜은 오색 고명을 색스럽게 올려 완성품 2개를 제출하시오.

❺ 사슬적은 각각 1cm×6cm×0.7cm 크기로 썰어 꼬치를 2개 제출하시오.

❻ 문제의 요구 사항대로 작품의 수량이 만들어지지 않을 경우 실격 처리됩니다.

❼ 해당 과제의 지급 재료 외의 재료를 사용할 경우 득점에 관계없이 오작 처리됩니다.

무생채

재 료
무 100g, 고운 고춧가루 1/2작은술, 식초 1작은술

양념장
소금 1/2작은술, 설탕 1작은술, 다진파 1/2작은술, 다진마늘 1/2작은술, 다진 생강·깨소금 약간씩

만드는법

1. 무는 0.2cm×0.2cm×6cm 크기로 채썬다.
2. 무는 색을 내기 위해 고운 고춧가루에 버무려 둔다.
3. 무의 색이 붉어지면 양념장을 넣어 고루 무치고, 식초는 맨 나중에 넣는다.
4. 완성품을 보기 좋게 접시에 소복이 담아 낸다.

Note
무채를 썬 후 소금에 절이지 않고 곧바로 고춧가루를 무치면 색이 더 빨갛게 된다.

오이선

재료
오이 1/2개, 쇠고기 20g, 건표고버섯 1장, 달걀 1개, 소금·식용유 약간씩

소금물
소금 1/2큰술, 물 1/4컵

고기·버섯 양념
간장 1/2작은술, 설탕 1/4작은술, 다진파 1/4작은술, 다진마늘·깨소금·참기름·후춧가루 약간씩

단초물
식초 2작은술, 설탕 2작은술, 물 2작은술, 소금 1/3작은술

만드는 법

1. 오이는 소금으로 비벼 씻어 껍질 쪽에 일정한 간격으로 3군데 칼집을 넣고 소금물에 절인다.(칼집을 낼 때에는 밑부분의 1cm 정도는 남겨야 부재료들을 넣었을 때 떨어지지 않는다.)
2. 쇠고기와 표고버섯은 2.5cm 정도로 가늘게 채썬 후 양념하여 각각 볶아 식힌다.
3. 달걀은 황·백으로 분리하여 소금을 조금 넣고 거품이 나지 않도록 저어 준 후 얇게 지단을 부쳐 2.5cm 길이로 가늘게 채썬다.
4. 1의 오이는 면보에 싸서 물기를 제거하고 파랗게 볶아 식힌다.
5. 볶아 낸 오이의 칼집 속에 표고버섯, 쇠고기, 황·백 지단을 각각 보기 좋게 끼워 넣는다.
6. 단초물은 내기 직전에 오이선 위에 끼얹는다.

두부젓국찌개

재료
두부 100g, 굴 60g, 홍고추 1/2개, 실파 2뿌리, 마늘 1쪽, 새우젓 2작은술, 물 1컵, 소금·참기름 약간씩

만드는법

1. 굴은 굴 껍질을 잘 골라 내고 연한 소금물에 흔들어 씻어 체에 밭쳐 둔다.
2. 두부는 2cm×3cm×1cm 크기로 썬다.
3. 홍고추는 씨와 속을 빼고 0.5cm×3cm, 실파는 3cm 길이로 썬다.
4. 마늘은 곱게 다지고, 새우젓은 곱게 다진 후 국물을 짜 놓는다.
5. 냄비에 적당량의 물을 붓고 새우젓 국물과 소금으로 간을 하여 끓으면 두부를 넣고 잠깐 끓인 후 굴, 다진 마늘, 홍고추 순서로 넣어 짧은 시간에 끓여 준다.
6. 파를 넣고 불을 끈 다음 참기름을 조금 떨어 뜨려 그릇에 담아 낸다.

Note
두부젓국찌개는 굴이 너무 퍼지거나 두부 형태가 부서지지 않도록 주의하며, 간은 소금과 새우젓으로 한다. 국물은 맑고 깨끗하게 만들고 많이 담지 않는다.

꽃게찜

재료
꽃게 2마리, 쇠고기 60g, 두부 80g, 붉은고추 1개, 풋고추 1개, 석이버섯 5장, 달걀 2개, 밀가루·식용유 약간씩

소 양념
소금 2/3작은술, 다진파 1큰술, 다진마늘 1/2큰술, 생강즙 1/2작은술, 깨소금 1작은술, 참기름 1작은술, 후춧가루 약간

만드는법

1. 게는 솔로 깨끗하게 문지른 다음 삼각 딱지와 등딱지를 뗀 다음 게장과 게살을 발라 내고 몸체의 살을 밀어서 발라 낸다.
2. 두부는 물기를 닦아 으깨고, 쇠고기는 곱게 다져 게살과 섞어 양념을 한다.
3. 게 껍질 안쪽에 식용유를 바르고 밀가루를 발라 양념한 2를 담고 밀가루를 바른 후 달걀물을 입혀 찜솥에서 10~15분간 찐다.
4. 고추는 반으로 갈라 씨를 뺀 다음 곱게 다져서 살짝 볶으면서 소금과 참기름으로 간을 하고, 달걀은 삶아 황·백으로 나누어 체에 내린다. 석이버섯은 곱게 다져 소금, 참기름으로 무쳐 살짝 볶는다.
5. 쪄 낸 꽃게 위에 풋고추, 붉은고추, 석이버섯, 황·백 지단을 고명으로 얹는다.

Note
꽃게는 용도에 따라 암수컷을 달리 사용하는데 간장 게장을 담글 때는 암컷을, 그 외 탕이나 찜을 할 때는 수컷을 사용한다.

사슬적(어산적)

재 료
동태 1/2마리, 쇠고기 80g, 두부 30g, 밀가루 1큰술, 실백 1작은술, 대꼬챙이 3개, 식용유 1큰술

고기·두부 양념
소금 1/3작은술, 설탕 1/4작은술, 파 1작은술, 마늘 1/2작은술, 참기름 1/2작은술, 깨소금 1작은술, 후춧가루 1/8작은술

생선 양념
소금·생강·흰후춧가루 약간씩

초간장
간장 2큰술, 식초 1큰술, 설탕 1작은술

만드는 법

1. 쇠고기는 곱게 다져서 핏물을 빼놓고, 두부는 물기를 빼고 다져서 쇠고기와 함께 섞어 양념한다.
2. 동태는 껍질을 벗겨서 1cm×6cm×0.7cm 크기로 썰어 물기 제거 후 소금, 흰후춧가루로 밑간을 한다.
3. 실백은 고깔을 떼고 곱게 다진다.
4. 동태를 꼬챙이에 끼우고 고기와 맞닿는 쪽에 밀가루를 묻힌 다음 사이사이에 1의 고기를 모양 내어 꼬챙이에 끼운다.(쇠고기는 폭 1cm, 길이 7cm로 썰어서 사용하기도 하고, 고기와 두부를 다져서 사용하기도 하는데, 재료의 제시나 요구 사항에 따라 만든다.)
5. 프라이팬에 기름을 두르고 꼬치를 지져 내어 접시에 담는다. 잣가루를 뿌리고 초간장을 곁들여 낸다.

Note 고기와 생선은 꼬챙이에 끼워 구우면 1~2cm 정도 줄어들므로 가열했을 때의 길이를 감안하여 자르도록 한다.

20
칠절판, 무숙장아찌, 미나리강회, 장산적, 율란, 조란

시험시간
2시간 10분

Check point
(2004. 9. 22 / 2007. 10. 12 / 2009. 4. 24 시행)

❶ 칠절판의 밀전병은 지름 7cm로 7개 만들고, 채소와 황·백 지단, 쇠고기의 크기는 0.2cm×0.2cm ×5cm 정도로 곱게 채썰어 완성하여 제출하시오.

❷ 무숙장아찌는 무를 0.6cm×0.6cm×5cm 크기로 썰고, 그 외 재료들은 4cm 크기로 만들어 완성품으로 제출하시오.

❸ 미나리강회는 1cm×4cm×0.3cm 전후의 크기로 하여 완성된 강회 8개와 초고추장을 제출하시오.

❹ 장산적은 3cm×3cm×0.5cm 석쇠에 구워 조림장에 윤기나게 조려 주어진 재료 전량을 제출하시오.

❺ 완성된 율란 10개와 조란 10개를 제출하시오.

❻ 문제의 요구 사항대로 작품의 수량이 만들어지지 않을 경우 실격 처리됩니다.

❼ 해당 과제의 지급 재료 외의 재료를 사용할 경우 득점에 관계없이 오작 처리됩니다.

칠절판

재료
쇠고기 50g, 달걀 1개, 오이 1/2개, 당근 50g, 석이버섯 5장, 식용유 약간

밀전병
밀가루 5큰술, 물 6큰술, 소금 약간

고기 양념
간장 1/2작은술, 참기름 1/2작은술, 설탕 1/2작은술, 소금·마늘·파·깨소금·후춧가루 약간씩

만드는 법

1. 밀가루에 물을 섞고 소금을 넣어 멍울이 없도록 풀어준 후 체에 내린다.
2. 오이는 5cm 길이로 돌려깎기한 후 0.2cm×0.2cm로 채썰어 소금에 절여 물기를 제거한다.
3. 당근도 오이와 같은 크기로 채썰어 소금을 살짝 뿌린다.
4. 쇠고기는 채소 길이보다 1cm 정도 길게 썬 후 양념을 한다.
5. 석이버섯은 뜨거운 물에 불려 이끼를 제거하고 돌을 따낸 후 물기를 제거하고 돌돌 말아 채썰어 참기름, 소금으로 양념한다.
6. 달걀은 황·백으로 분리하여 프라이팬에 지단을 부친다. 부친 지단은 0.2cm×0.2cm×5cm로 곱게 채썬다.
7. 프라이팬에 오이, 당근, 석이버섯, 쇠고기 순서로 볶아 낸다.
8. 불을 약하게 하여 프라이팬에 지름 7cm 크기로 밀전병을 부친다.
9. 접시에 볶아 낸 재료를 돌려 담은 후 중앙에 밀전병을 담아 낸다.

무숙장아찌

재료
무 100g, 미나리 20g, 쇠고기 25g, 간장 1국자, 파 1/2뿌리, 마늘 1쪽, 표고 2장, 실고추·설탕·후춧가루·깨소금·참기름·식용유 약간씩

고기 양념
간장, 다진파, 다진마늘, 설탕, 후춧가루, 참기름, 깨소금 약간씩

만드는법

1. 무는 0.6cmc×0.6cm×5cm 크기로 썰어 간장 1국자에 절여 둔다.
2. 파, 마늘은 다져 놓는다.
3. 미나리는 줄기 부분만 4cm로 썰고, 실고추는 2cm 길이로 잘라 놓는다.
4. 쇠고기와 표고는 0.3cm×0.3cm×4cm 크기로 채썰어 양념한다.
5. 1의 무에 간장 물이 들면 건져서 짜고, 간장 물은 끓여서 식혀 다시 무를 절인다.
6. 팬에 기름을 두르고 쇠고기를 볶다가 절인 무를 꼭 짜서 같이 볶는다.
7. 조린 간장 물로 색과 간을 맞추어 가며 볶는다.
8. 마지막으로 미나리를 넣고 불을 끈다.
9. 참기름, 깨소금으로 무친 다음 접시에 담고 실고추를 얹는다.

Note
무를 절일 때 싱거우면 간장물을 조려서 다시 무에 넣고 절인다.

미나리강회

재료
미나리 50g, 쇠고기 80g, 홍고추 1/2개, 달걀 1개, 소금 약간

초고추장
고추장 1큰술, 식초 1큰술, 설탕 2작은술, 물 1작은술

만드는법

1. 쇠고기는 핏물을 제거한 후 끓는 물에 삶아 눌러 식혀서 1cm×4cm×0.3cm로 썬다.
2. 미나리는 줄기만 다듬어 끓는 물에 소금을 넣고 데쳐서 찬물에 헹궈 물기를 제거한다.
3. 달걀은 황·백 지단을 도톰하게 부친 후 식으면 1과 같은 크기로 썬다.
4. 홍고추는 반으로 갈라 씨를 빼고 폭 0.3cm, 길이 3cm로 썬다.
5. 쇠고기, 백지단, 황지단, 홍고추 순으로 가지런히 얹고 미나리로 중간을 감아 준다. 미나리는 전체 길이의 1/3 정도만 감는다. 초고추장을 곁들여 낸다.

Note
강회의 재료를 미나리로 감을 때에는 미나리가 많이 겹치지 않도록 한다. 미나리의 매듭은 밑으로 가게 감는 것이 좋다.

장산적

재료
쇠고기(우둔) 200g, 두부 70g, 잣 1큰술

고기·두부 양념
소금 1작은술, 설탕 1큰술, 다진파 1큰술, 다진마늘 1/2큰술, 참기름 1/2큰술, 후춧가루·깨소금 약간씩

조림 양념
간장 2큰술, 설탕 1큰술, 물 1/2컵

만드는법

1. 쇠고기는 곱게 다지고, 두부는 면보에 싸서 물기를 뺀 다음 으깨어 고기와 두부를 섞어 양념한다.
2. 양념한 고기를 두께가 0.5cm 정도 되게 네모지게 만들어 가로 세로로 잔 칼집을 넣는다.
3. 석쇠에 기름을 발라가며 고기가 타지 않게 구워 사방 2cm 크기로 썬다.
4. 조림 양념이 끓으면 장산적을 넣어 양념을 끼얹어 가며 윤기나게 조린다.
5. 국물이 자작해질 때까지 조려 그릇에 담고 잣가루를 뿌린다.

Note
양념한 고기는 많이 치대어야 표면이 매끈하고 부서지지 않는다. 구울 때 석쇠를 움직여가며 구워야 색이 고루 나타난다.

율란

재 료
밤(껍질 깐 것) 10개, 소금·설탕·꿀·계핏가루 약간씩

만드는 법

1. 밤은 무르게 쪄서 소금을 넣고 체에 내린다.
2. 1을 빚어서 밤 모양으로 만들어 밑둥에 꿀을 바르고 계핏가루, 혹은 잣가루로 색깔을 내어 밤 형태로 만든다.

Note
과수의 열매나 식물의 뿌리에서 씨를 빼고 무르게 삶아서 으깨어 설탕이나 꿀에 조려 다시 원래 형태와 비슷하게 빚은 것으로, 율란, 조란, 생란 등이 있다.

조란

재료
대추 20개, 꿀 1큰술, 설탕 2큰술, 물 2/3컵, 잣 2큰술, 계핏가루 약간

만드는법

1. 대추는 씻어 찜통에 살짝 찐 다음 씨를 발라 내고 곱게 다진다.
2. 냄비에 물, 설탕, 꿀을 넣어 끓으면 다진 대추를 넣고 나무주걱으로 저으면서 수분이 완전히 없어질 때까지 은근히 조린 후 계핏가루를 넣고 식힌다.
3. 조린 대추를 원래의 대추 모양으로 빚어서 꼭지 부분에 통잣을 끼워 반쯤 나오게 한다. 잣 박힌 쪽을 위로 향하도록 하여 그릇에 담는다.

Note
다과상에 올린 조란, 율란, 생란 등은 녹차의 맛과 매우 잘 어울린다.

21
오이생채, 육회, 더덕구이, 새우전, 갈비찜

시험시간
1시간 40분

Check point
(2005. 9. 26 시행)

① 오이생채의 오이는 0.2cm 두께의 원형으로 썰어 완성품을 제출하시오.
② 육회의 쇠고기와 배는 폭 0.3cm, 두께 0.3cm로 고르게 썰고, 마늘은 편썰기하여 50g 이상 완성품을 제출하시오.
③ 더덕구이는 5cm 크기로 잘라 고추장으로 양념하고 석쇠에 구워, 지급된 재료 전량을 제출하시오.
④ 새우전은 완성품을 5개 제출하시오.
⑤ 갈비찜의 길이는 5cm로 하고, 지급된 갈비는 전량을 완성품으로 국물과 함께 제출하시오.
⑥ 문제의 요구 사항대로 작품의 수량이 만들어지지 않을 경우 실격 처리됩니다.
⑦ 해당 과제의 지급 재료 외의 재료를 사용할 경우 득점에 관계없이 오작 처리됩니다.

오이생채

재 료
오이 100g, 소금 약간

고춧가루 양념
고춧가루 1작은술, 다진파 1작은술, 다진마늘 1/2작은술, 소금 1/2작은술, 설탕 1작은술, 식초 1작은술, 깨소금 1/4작은술

만드는법

1. 오이는 통째로 소금에 비벼 씻은 후 0.2cm 두께의 원형으로 일정하게 썬다.
2. 썬 오이를 소금에 살짝 절여 면 행주에 싸서 물기를 제거한다.
3. 내기 직전에 고춧가루 양념으로 무쳐서 간을 맞춘 후 보기 좋게 그릇에 담아 낸다.

Note
생채는 무쳐서 오래 두면 빛깔이 변하고 국물이 많이 생기므로 상에 내기 직전에 무쳐 낸다.

육회

재료
쇠고기(우둔살) 100g, 배 1/4개, 마늘 5쪽, 잣 5알

설탕물
설탕 1큰술, 물 1/4컵

고기 양념
간장 1/4작은술(매우 소량), 참기름 1/2작은술, 설탕 1/2작은술, 소금·마늘·파·깨소금·후춧가루 약간씩

만드는 법

1. 쇠고기는 기름기 없는 신선한 살코기를 얇게 저며 결 반대 방향으로 0.3cm×0.3cm로 가늘게 채썬다.
2. 마늘의 일부는 편으로 얇게 썰고, 나머지는 파와 함께 곱게 다진다.
3. 배는 껍질을 벗긴 후 0.3cm×0.3cm×4cm로 고르게 채썰어 설탕물에 담근다.
4. 잣은 고깔을 떼고 종이 위에 올려 곱게 다진다.
5. 쇠고기에 준비한 양념을 넣고 무쳐 준다.
6. 접시 가장자리에 물기를 뺀 배채를 가지런히 돌려 담고, 가운데 양념한 고기를 소복이 담는다.
7. 편으로 썬 마늘은 고기 주위에 기대어 돌려 담고, 육회 위에 잣가루를 올려 준다.

Note
육회는 신선한 날고기의 맛을 즐기는 음식으로 기름기가 전혀 없는 우둔살이나 대접살이 적당하다.

더덕구이

재료
더덕 100g, 소금·식용유 약간씩

고추장 양념
고추장 2큰술, 파(흰 부분) 10g, 마늘 1쪽, 참기름·후춧가루·설탕·간장·깨소금 약간씩

만드는 법

1. 껍질을 제거한 더덕은 반으로 갈라서 소금물에 잠시 담갔다가 물기를 닦고 방망이로 자근자근 두들겨 편편하게 편 다음 5cm 길이로 정리를 한다(더덕이 굵은 경우 편으로 썰어서 두드린다).
2. 손질한 더덕에 유장(간장 1큰술, 참기름 1큰술)을 발라서 재워 둔다.
3. 석쇠를 달궈서 뜨겁게 한 후 기름칠을 하고 유장에 재운 더덕을 애벌 구이한다.
4. 애벌구이한 더덕에 고추장 양념을 골고루 발라서 타지 않게 굽는다.

Note
고추장 양념을 바른 후 불 조절에 주의해야 가장자리가 타지 않는다.

새우전

재료
새우(중) 5마리, 홍고추 1개, 소금·후춧가루·밀가루·달걀·식용유 약간씩

초간장
간장 1큰술, 식초 1/2큰술, 설탕 1/2작은술, 잣가루 1/4작은술

만드는 법

1. 새우는 껍질째로 씻어 머리를 떼어 내고 꼬리 쪽의 마지막 한 마디와 꼬리의 껍질을 남기고 나머지는 벗긴다.
2. 새우는 등쪽의 내장을 대꼬챙이로 발라 내고, 배 쪽에 칼집을 서너번 넣어 익으면 구부러지는 것을 막는다.
3. 새우에 소금, 후춧가루를 뿌리고 밀가루를 입혀서(꼬리 쪽은 밀가루를 묻히지 않음) 꼬리를 잡고 풀어 놓은 달걀에 담갔다가 꺼내어 프라이팬에 기름을 두르고 지진다. 지지면서 고추 고명을 올려 완성한다.
4. 초간장을 만들어 곁들인다.

Note

새우는 콜레스테롤 함량이 높은 식품으로 알려져 있지만 새우에는 콜레스테롤 증가를 억제시키는 타우린이 들어 있어 적당량의 새우를 먹는 것은 콜레스테롤 증가에 큰 영향을 주지 않는다.

갈비찜

재 료
소갈비 800g, 물 5컵, 육수 2컵, 무 200g, 당근 100g, 건표고버섯 5장, 밤 5개, 대추 3개, 달걀 1개

찜 양념장
간장 4큰술, 배즙 4큰술, 설탕 2큰술, 다진파 2큰술, 다진마늘 1큰술, 참기름 1큰술, 깨소금 1큰술, 후춧가루 약간

만드는 법

1. 소갈비를 5cm 길이로 토막 내어 찬물에 담가 핏물을 뺀다. 냄비에 물 5컵을 붓고 끓으면 갈비를 넣어 30분 정도 삶는다. 갈비에 붙은 질긴 힘줄이나 기름 덩어리는 떼어 내고 2cm 간격으로 칼집을 넣는다. 육수는 차게 식혀 기름을 걷어 낸다.
2. 냄비에 삶은 갈비를 담고 찜 양념장의 2/3 분량을 넣어 고루 버무린 다음 육수 2컵을 부어 중불에서 서서히 끓인다.
3. 무와 당근은 사방 3cm의 크기로 썰어 모서리를 다듬어서 끓는 물에 넣고 삶는다. 표고버섯은 물에 불려서 기둥을 뗀다. 밤은 껍질을 벗기고, 대추는 씨를 뺀다.
4. 갈비가 무르게 익으면 삶은 무, 당근, 표고버섯, 밤, 대추를 넣고 남은 양념장과 육수를 넣어 약한 불에서 서서히 끓인다.
5. 달걀을 황백으로 얇게 지단을 부친 후 완자형이나 골패형으로 썬다.
6. 갈비와 채소에 맛이 고르게 스며들면 찜기에 담고 지단을 얹는다.

22

두부젓국찌개, 나박김치, 생선전, 죽순채, 쇠고기장국

시험시간
1시간 50분

Check point
(2005. 9. 27 시행)

❶ 두부젓국찌개의 두부는 2cm×3cm×1cm 크기로, 붉은고추는 0.5cm×3cm 크기로, 실파는 3cm 길이로 썰어 완성하여 제출하시오.

❷ 나박김치의 재료는 2.5cm×2.5cm×0.2cm의 일정한 크기로 썰고, 건더기의 양은 60g, 김치국물의 양은 200mL를 제출하시오.

❸ 생선전은 5cm×4cm×0.5cm 크기로 썰어 전을 부쳐 5개 제출하시오.

❹ 죽순채의 재료는 5cm 길이로 채썰어 제출하시오.

❺ 쇠고기장국은 재료를 3cm×2cm 크기로 해서 장국을 제출하시오.

❻ 문제의 요구 사항대로 작품의 수량이 만들어지지 않을 경우 실격 처리됩니다.

❼ 해당 과제의 지급 재료 외의 재료를 사용할 경우 득점에 관계없이 오작 처리됩니다.

두부젓국찌개

재 료
두부 100g, 굴 60g, 홍고추 1/2개, 실파 2뿌리, 마늘 1쪽, 새우젓 2작은술, 물 1컵, 소금·참기름 약간씩

만드는법

1. 굴은 굴 껍질을 잘 골라 내고 연한 소금물에 흔들어 씻어 체에 밭쳐 둔다.
2. 두부는 2cm×3cm×1cm 크기로 썬다.
3. 홍고추는 씨와 속을 빼고 0.5cm×3cm, 실파는 3cm 길이로 썬다.
4. 마늘은 곱게 다지고, 새우젓은 곱게 다진 후 국물을 짜 놓는다.
5. 냄비에 적당량의 물을 붓고 새우젓 국물과 소금으로 간을 하여 끓으면 두부를 넣고 잠깐 끓인 후 굴, 다진 마늘, 홍고추 순서로 넣어 짧은 시간에 끓여 준다.
6. 파를 넣고 불을 끈 다음 참기름을 조금 떨어 뜨려 그릇에 담아 낸다.

Note

두부젓국찌개는 굴이 너무 퍼지거나 두부 형태가 부서지지 않도록 주의하며, 간은 소금과 새우젓으로 한다. 국물은 맑고 깨끗하게 만들고 많이 담지 않는다.

나박김치

재 료
배추 50g, 무 50g, 배 30g, 실파 1줄기, 미나리 2줄기, 실고추 약간

김치국물 양념
다진마늘·다진생강·고춧가루·소금 약간씩

만드는법

1. 무와 배추는 씻어서 소금에 살짝 절이고, 배는 껍질을 깎아서 2.5cm×2.5cm×0.2cm의 크기로 썬다.
2. 미나리와 실파는 다듬어서 2.5cm 길이로 썬다.
3. 고춧가루는 면보에 싸서 물에 불려 붉은색이 나도록 우려 내어 김치국물 양념을 만든다.
4. 1, 2, 3을 가볍게 섞는다.
5. 건더기 60g, 김치국물 1컵이 되도록 담고 제출하기 직전에 실고추를 띄워 낸다.

Note

나박김치는 국물김치의 대표적인 것으로 무나 배추를 나박나박하게 썰었다하여 붙여진 이름이며, 주로 교자상, 떡상, 죽상 차림에 올린다. 김치를 급히 익히려면 소금물을 끓여서 조금만 식혀 부으면 바로 익힐 수 있다.

생선전

재료
동태 1/2마리, 달걀 2개, 쑥갓 1대 또는 고추 1개, 밀가루·식용유·소금·흰후춧가루 약간씩

초간장
간장 1큰술, 식초 1/2큰술, 설탕 1/2작은술, 잣가루 1/4작은술

만드는 법

1. 생선은 깨끗이 손질하여 물기를 닦아 내고 껍질을 벗긴 후 5cm×4cm×0.5cm로 포를 떠서 소금과 흰후춧가루를 뿌린다.
2. 생선의 물기를 닦고 밀가루와 달걀옷을 씌워 기름 두른 프라이팬에 노릇하게 지지다가 쑥갓 혹은 고추를 고명으로 얹어서 지져 낸다.
3. 접시에 담고 초간장을 곁들여 낸다.

생선전은 흰살 생선을 주로 사용하고, 한번에 포를 떠야 생선이 깨끗하며 지질 때 껍질 쪽이 먼저 번철에 닿도록 해야 모양이 좋고 오그라들지 않는다.

죽순채

재료
죽순(중간것) 1개, 쇠고기(우둔) 60g, 표고버섯 2개, 미나리 20g, 숙주 50g, 다홍고추 1/2개, 달걀 1개

고기 양념
간장 1큰술, 설탕 1/2큰술, 다진파 2작은술, 다진마늘 1작은술, 참기름·깨소금·후춧가루 약간씩

죽순 양념
간장·소금·설탕·식초·깨소금 약간씩

만드는법

1. 죽순은 빗살무늬를 살려서 데친 후 볶아서 약간의 소금간만 해 둔다. 다홍고추는 씨를 털고 채썰어 둔다.
2. 쇠고기는 채썰고, 표고버섯은 물에 불려서 기둥을 떼내고 채썰어 합하여 고기 양념으로 양념한 후 프라이팬에 볶아서 각각 식힌다.
3. 미나리는 잎을 떼어 줄기만 다듬고, 숙주는 거두절미하여 끓는 물에 소금간하여 데쳐 5cm 길이로 자른다.
4. 달걀은 황·백 지단을 부쳐서 5cm 길이로 채썬다.
5. 죽순, 쇠고기, 표고버섯, 미나리, 숙주, 고추채를 한데 모아서 죽순 양념을 넣고 고루 버무려 담은 후 황·백 지단채를 고명으로 올린다.

Note
죽순채는 봄 4~5월경에 나는 생죽순을 고기와 함께 볶은 나물로 향이 독특하다.

쇠고기장국

재 료
쇠고기(양지머리) 200g, 간장 1작은술, 대파 1뿌리, 무 100g

고기 양념
간장 2큰술, 다진마늘 1작은술, 후춧가루 약간씩

만드는법

1. 쇠고기는 3cm×2cm 크기로 썬 후 양념한다.(쇠고기 양념에 설탕, 깨소금은 지저분하므로 넣지 않는다.)
2. 대파는 4cm 길이로 썰고, 무는 3cm×2cm로 썬다.
3. 쇠고기를 잠깐 볶다가 물과 무를 넣고 끓인다(끓을 때 위의 거품 등 불순물은 제거한다).
4. 국이 거의 끓었을 때 대파를 넣고 간장으로 색을 낸 다음 소금으로 간을 맞춘다.

Note

쇠고기는 핏물을 빼고 국을 끓이면 맛이 더 깔끔하다. 국간장은 약간만 넣어 간장색이 나도록 한 다음 소금으로 간을 하면 국물 맛이 더 시원하고 구수한 맛이 난다.

23
수란, 칼국수, 겉절이, 수정과, 대추초

시험시간
1시간 40분

Check point
(2006. 10. 11 시행)

① 수란은 흰자가 노른자를 완전히 덮은 상태로 고명을 올려 제출하시오.
② 칼국수의 굵기는 두께 0.2cm, 폭 0.3cm가 되도록 하며, 국수와 국물의 비율은 1 : 1.5 정도가 되도록 하여 제출하시오.
③ 겉절이는 고춧가루의 색이 골고루 배도록 무쳐 제출하시오.
④ 수정과는 대추와 잣을 띄워 제출하시오.
⑤ 대추초는 10개를 만들어 제출하시오.
⑥ 문제의 요구 사항대로 작품의 수량이 만들어지지 않을 경우 실격 처리됩니다.
⑦ 해당 과제의 지급 재료 외의 재료를 사용할 경우 득점에 관계없이 오작 처리됩니다.

수란

재료
달걀 1개, 석이버섯 1장, 식초 1큰술, 실파·실고추·소금·참기름 약간씩

 만드는법

1. 냄비에 수란기나 국자가 충분히 잠길 만큼 물을 넉넉히 붓고 소금을 넣어 끓인다.
2. 수란기나 국자에 약간의 참기름을 발라 끓는 물에 길들인 후 노른자가 터지지 않게 달걀을 깨뜨린다.
3. 달걀을 국자 중앙에 오도록 조심스럽게 부은 후 끓는 물 표면에서 서서히 익혀 수저로 물을 붓는다.
4. 노른자가 하얀 막으로 덮이면 불을 줄이고, 물속에 조심스럽게 넣어 반숙으로 익힌다.
5. 석이버섯, 실파, 실고추는 0.1cm×1cm 크기로 고운 채를 썬다.
6. 반숙란을 조심스럽게 그릇에 옮겨 담고, 내기 직전에 실고추, 석이버섯, 파채를 보기 좋게 얹어 낸다.

ote
수란 조리 시에는 끓는 물에 소금과 식초를 넣어서 달걀의 응고를 촉진시킨다.

칼국수

재료
밀가루 100g, 애호박 50g, 표고버섯 1장, 멸치 20g, 실고추·식용유·소금 약간씩

양념장
간장 1큰술, 다진파 1작은술, 다진마늘 1/2작은술, 고춧가루 1작은술, 깨소금 1작은술, 참기름 1작은술

만드는 법

1. 밀가루는 소금을 넣고 체에 내려 반죽하여 랩에 싸 둔다.
2. 표고는 불려서 곱게 채썰어 설탕, 참기름, 간장으로 양념해서 볶는다.
3. 애호박은 0.2cm×0.2cm×5cm로 돌려깎기하여 채썰어 소금에 절여 볶는다.
4. 멸치는 머리와 내장을 제거한 후 끓여 면보에 걸러 육수를 만든다.
5. 1의 반죽을 밀어서 0.1cm×0.5cm로 썰어 칼국수 면을 만든다.(달라붙지 않게 밀가루를 사용한다.)
6. 냄비에 육수를 붓고 면을 넣어 저으면서 끓이다가 대파를 넣고 간장, 소금으로 간한다.
7. 그릇에 면을 담고 표고버섯, 호박, 실고추를 고명으로 얹은 다음, 양념장을 곁들여 낸다.

Note
칼국수는 붙지 않도록 하고, 육수에 칼국수를 넣을 때 밀가루를 잘 털어 내야 국물이 탁해지지 않는다.

겉절이

재료
단배추 200g, 소금 약간, 참기름 1작은술

양념
고춧가루 2큰술, 다진파 1큰술, 다진마늘 1큰술, 생강 1작은술, 설탕 1큰술, 깨소금 1작은술, 새우젓 1작은술, 간장 약간

만드는법

1. 단배추는 찢어서 소금에 살짝 절인다.
2. 절인 배추는 물기를 제거하고 양념으로 버무린다.
3. 제일 마지막에 참기름을 넣고 버무린 후 그릇에 담는다.

Note
겉절이는 미리 양념을 하면 수분이 빠지므로 상에 내기 바로 직전에 무치는 것이 좋다.

수정과

재 료
생강 50g, 물 6컵, 통계피 50g, 황설탕 1컵, 곶감 3개, 잣 1큰술, 호두 3개

만드는 법

1. 생강은 얇게 저미고, 통계피는 조각 낸 다음 깨끗이 씻는다.
2. 곶감은 꼭지와 씨를 빼고 얇게 펴서 호두를 넣고 말아 모양을 만든 후 자른다.
3. 잣은 고깔을 떼어 놓는다.
4. 저민 생강에 물을 부어 뭉근한 불에서 30분 정도 끓여 면보에 거른다.
5. 계피에 물을 부어 뭉근한 불에서 40분 정도 끓여서 면보에 거른다.
6. 4, 5의 끓인 물을 합하여 설탕을 넣고 10분 정도 끓여서 식힌다.
7. 통곶감을 사용할 때는 수정과 물을 약간 덜어 내어 곶감을 불려 부드러워지면 그릇에 담고 수정과 물을 부어 낸다. 잣을 서너 알 띄운다.

Note
생강과 통계피를 함께 끓여 쓰는 방법도 있으나 각각 끓여 걸러서 혼합해야 특유의 향과 맛을 살릴 수 있다.

대추초

재료
대추 10개, 꿀·설탕 2큰
술씩, 잣 30알, 계핏가루
약간

만드는법

1. 대추는 씻어서 물기를 닦은 후 한쪽을 잘라 씨를 발라 낸다.
2. 냄비에 물을 반 컵 부어 끓이면서 잣을 채운 대추와 설탕을 함께 넣고, 약한 불에 올려서 나무 주걱으로 저으면서 서서히 조려 설탕물이 거의 졸아들면 꿀을 넣고 조린 후 계핏가루를 뿌려 살짝 섞는다.
3. 대추초를 하나씩 떼어서 잣을 박은 쪽이 위로 가도록 그릇에 담는다.

Note
대추초는 갑자기 센 불에 조리면 색이 검어지고 쭈글쭈글 해지므로 약한 불에서 천천히 조린다.

24
장국죽, 제육구이, 잡채, 장김치, 양동구리

시험시간 **2시간**

Check point
(2007. 10. 12 시행)

① 장국죽은 불린 쌀의 반 정도를 싸라기로 만들고, 쇠고기는 다지고, 표고버섯은 3cm 정도 길이로 채썰어 죽을 만들어 제출하시오.
② 제육구이의 제육의 두께는 0.4cm, 너비는 4~5cm로 고추장 양념하여 석쇠에 구워 제시 재료 전량을 완성품으로 제출하시오.
③ 잡채의 재료인 쇠고기, 양파, 오이, 당근, 도라지, 표고버섯은 0.3cm×0.3cm×6cm 크기로 썰고, 주어진 재료는 굵기와 크기를 일정하게 하여 양과 색깔을 골고루 배합하여 고명을 올려 제출하시오.
④ 장김치의 재료 중 무, 배추, 배는 3cm×2.5cm×0.2cm로 썰어 완성품을 제출하시오.
⑤ 양동구리는 지름 5cm의 크기로 5개 만들어 제출하시오.
⑥ 문제의 요구 사항대로 작품의 수량이 만들어지지 않을 경우 실격 처리됩니다.
⑦ 해당 과제의 지급 재료 외의 재료를 사용할 경우 득점에 관계없이 오작 처리됩니다.

장국죽

재료
쌀(불린 것) 120g, 쇠고기 25g, 표고버섯 1장, 간장·소금 약간씩

고기·표고 양념장
간장 1/2큰술, 다진파 1/2작은술, 다진마늘 1/4작은술, 깨소금·참기름·후춧가루 약간씩

만드는 법

1. 쌀을 불려서 반은 방망이로 으깨고 반은 그대로 둔다.
2. 쇠고기는 곱게 다지고, 표고버섯은 3cm 길이로 곱게 채썰어 양념을 해 둔다.
3. 냄비에 참기름을 두르고 쇠고기, 표고버섯, 쌀 순으로 볶는다.
4. 쌀 분량의 6배의 물을 붓고 나무 주걱으로 저어가면서 쌀이 눌러 붙지 않도록 한다. 쌀이 퍼지기 시작할 때 중불로 은근하게 끓이다가 가끔씩 저어 가며 마지막 불을 낮추며 끓인다.
5. 죽이 잘 어우러지면 간장으로 색을 내고 소금으로 간한다.
6. 보기 좋게 그릇에 담는다.

Note
죽의 간은 마지막에 맞추어야 죽이 삭지 않으며, 죽의 농도는 조르륵 흘러야 한다(풀처럼 뚝뚝 떨어지면 안 된다).
쌀 부피의 5~8배의 물을 붓고 죽을 끓인다.

제육구이

재 료
돼지고기 100g

고추장 양념
고추장 1큰술, 물 2큰술, 설탕 1큰술, 파·마늘·생강 즙·후춧가루·깨소금·참기름 약간씩

만드는법

1. 돼지고기는 기름기를 제거하여 가로, 세로, 두께를 4.5cm×5.5cm×0.3cm 정도로 썬 후 칼등으로 자근자근 두드리고 중간중간 칼집을 넣는다.
2. 고추장 양념을 만들어 고기를 재운다.
3. 석쇠에 기름을 발라 뜨겁게 한 후 양념한 고기를 올려 중간에 양념을 발라가며 타지 않게 구워 접시에 담는다.

Note
제육구이는 중불 이하에서 구우며, 빛깔을 살리기 위해 고추장 양념을 2~3회 나누어 타지 않게 익힌다.

잡채

재료
당면 40g, 쇠고기 50g, 건표고버섯 1장, 목이버섯 3장, 오이 1/4개, 양파 1/4개, 당근 30g, 통도라지 1뿌리, 달걀 1개, 숙주 20g, 식용유 약간

당면·버섯 양념
간장 1큰술, 참기름 1작은술, 설탕 1작은술

고기 양념
간장 1/2작은술, 참기름 1/2작은술, 설탕 1/2작은술, 소금·다진마늘·다진파·깨소금·후춧가루 약간씩

만드는 법

1. 건표고버섯, 목이버섯은 미지근한 물에 불린다. 쇠고기, 표고버섯은 0.3cm×0.3cm×6cm 크기로 채썰고 목이버섯은 손으로 찢어 버섯 양념한다.
2. 숙주는 거두절미하고 끓는 물에 데쳐서 소금과 참기름으로 양념한다.
3. 오이는 6cm 길이로 잘라서 돌려깎기한 후 채썰어 소금에 살짝 절여 물기를 뺀다.
4. 양파, 당근, 도라지는 6cm 길이로 채썰어 소금에 절여 물기를 꼭 짠다.
5. 달걀을 황·백으로 나누어서 지단을 부쳐 6cm로 채썬다.
6. 프라이팬에 기름을 두르고 양파, 도라지, 오이, 당근, 목이버섯, 표고버섯, 쇠고기 순으로 각각 따로 볶는다.
7. 냄비에 물이 끓으면 당면을 삶아 냉수에 헹군 후 적당한 길이로 잘라 당면 양념으로 밑간을 한 다음 프라이팬에 볶는다.
8. 그릇에 당면과 볶은 채소를 넣고 버무려 간장, 설탕, 참기름으로 간을 맞춘 후 접시에 잡채를 담고 황·백 지단을 고명으로 얹어 낸다.

장김치

재료
무 80g, 배추 80g, 갓 20g, 미나리(1줄기) 10g, 파(1줄기) 10g, 건표고버섯 1개, 석이버섯 10g, 대추 1개, 생강 3g, 마늘 5g, 배 1/8개, 실고추 1줄기, 밤 20g, 잣 1작은술

김치국물
간장 4큰술, 물 2컵, 소금·설탕 약간씩

만드는 법

1. 무는 3cm×2.5cm×0.2cm로 썰어 간장에 절인다.
2. 배추도 무와 같은 크기로 썰어서 무가 어느 정도 절여진 후 함께 절인다.
3. 파, 마늘, 생강은 3cm×0.1cm로 곱게 채썰고, 미나리·표고버섯·석이버섯은 손질하여 3cm로 짧게 채썬다.
4. 배는 무 크기로 썰고, 밤은 편썰기하며, 잣은 고깔을 뗀다.
5. 대추는 돌려깎기하여 씨를 빼고 채썬다.
6. 절인 김칫거리는 국물을 따르고(버리지 말기), 나머지 재료를 섞어 놓는다.
7. 6의 국물에 물을 섞어 간을 맞추고, 섞은 재료에 국물을 부어 그릇에 담아 낸다. 실고추와 석이버섯, 대추채, 잣을 올린다.

Note
장김치의 국물 색은 간장으로 내는데, 처음 담았을 때 내고자 하는 색보다 진해야 한다. 무, 배추가 익으면서 수분이 나와 색이 흐려지기 때문이다.

양동구리

재 료
양 300g, 소금·밀가루·식용유 약간씩

양 양념
소금 1/2큰술, 다진파 2큰술, 다진마늘 1큰술, 후춧가루 약간, 참기름 1/2큰술, 달걀 1개, 녹말가루 3큰술

초간장
간장 2큰술, 식초 1큰술

만드는법

1. 양은 두꺼운 부위로 골라 소금과 밀가루로 문질러 씻어 안쪽에 붙어 있는 기름 덩어리와 막을 제거한다.
2. 끓는 물에 양을 잠깐 넣었다가 건져서 검은 막을 긁어 내고 곱게 다진다.
3. 2에 양 양념을 넣고 고루 섞는다.
4. 달군 프라이팬에 기름을 두르고 한 수저씩 떠서 동그랗게 지진다.
5. 초간장을 만들어 곁들여 낸다.

Note
동구리란 궁중 용어로 재료를 다져서 양념하여 둥글 납작하게 만든 전을 일컫는다.

25
구절판, 편수, 깻잎전, 알찜, 오이생채

시험시간
1시간 50분

Check point
(2007. 10. 13 시행)

❶ 구절판의 밀전병은 지름 6cm로 8개 만들고, 채소·고기·지단의 크기는 0.2cm×0.2cm×5cm로 곱게 채썰어 완성하여 제출하시오.

❷ 편수는 삶은 후 육수를 붓고 만두 6개와 초간장을 제출하시오.

❸ 깻잎전은 전 5개와 초간장을 곁들여 제출하시오.

❹ 알찜에서 실고추·실파·석이버섯은 2cm로 채썰어 고명으로 사용하고, 찜통을 이용해 쪄낸 완성품을 제출하시오.

❺ 오이생채의 오이는 0.2cm 두께의 원형으로 썰어 완성품을 제출하시오.

❻ 문제의 요구 사항대로 작품의 수량이 만들어지지 않을 경우 실격 처리됩니다.

❼ 해당 과제의 지급 재료 외의 재료를 사용할 경우 득점에 관계없이 오작 처리됩니다.

구절판

재료
쇠고기 50g, 달걀 1개, 오이 1/2개, 당근 50g, 석이버섯 5장, 숙주 70g, 표고버섯 3장, 식용유 약간

밀전병
밀가루 5큰술, 물 6큰술, 소금 약간

버섯·고기 양념
간장 1작은술, 설탕 1/2작은술, 다진파 1/2작은술, 다진마늘 1/4작은술, 깨소금·참기름·후춧가루 약간씩

만드는법

1. 밀가루와 물을 섞고 소금을 넣어 멍울이 없도록 풀어준 후 체에 내린다.
2. 오이와 당근은 5cm 길이로 돌려깎기한 후 0.2cm×0.2cm로 채썰어 소금에 절여 물기를 제거해 준다.
3. 쇠고기는 채소 길이보다 1cm 정도 길게 썰고, 표고버섯은 불려서 채썬 후 고기 양념을 한다.
4. 숙주는 거두절미하여 살짝 데쳐서 참기름과 소금으로 양념한다.
5. 석이버섯은 뜨거운 물에 불려 이끼를 제거하고 돌을 따낸 후 물기를 제거하고 돌돌 말아 채썰어 참기름, 소금으로 양념한다.
6. 달걀은 황·백으로 분리하여 지단을 부쳐 0.2cm×0.2cm×5cm로 곱게 채썬다.
7. 불을 약하게 하여 프라이팬에 지름 6cm 크기로 밀전병을 부친다.
8. 프라이팬에 오이, 당근, 석이버섯, 표고버섯, 쇠고기 순서로 볶아 낸다.
9. 접시에 볶아 낸 재료를 돌려 담은 후 중앙에 밀전병을 담아 낸다.

편 수

재 료
밀가루 1과1/2컵, 쇠고기(우둔) 80g, 표고버섯 3장, 숙주 100g, 호박 1/2개, 잣 1큰술, 달걀 1개

고기 양념
소금 1작은술, 설탕 1/2큰술, 다진파 2작은술, 다진마늘 1작은술, 후춧가루·깨소금·참기름 약간씩

초간장
간장 1큰술, 식초 2큰술, 잣가루 1/2큰술, 설탕 1/2작은술, 참기름·소금 약간씩

만드는법

1. 밀가루는 소금물로 반죽하여 30분 정도 덮어 두었다가 얇게 밀어 사방 8cm 정도의 정사각형으로 만두피를 만든다.
2. 쇠고기는 반은 곱게 다지고 반은 육수를 만든다. 표고버섯은 불려서 가늘게 썰어 쇠고기와 합해서 고기 양념으로 고루 무쳐 번철에 볶아 접시에 펴서 식힌다.
3. 숙주는 소금을 약간 넣고 데쳐서 찬물에 헹구어 물기를 짜서 송송 썬다.
4. 호박은 가운데 씨를 발라 내고 채썰어 소금에 살짝 절였다가 물기를 짜서 번철에 참기름을 두르고 볶아 바로 큰 그릇에 펴서 식힌다.
5. 달걀은 황·백으로 나누어 지단을 부쳐서 완자형으로 썬다.
6. 익힌 채소와 고기를 섞어서 소를 만든다.
7. 만두피를 도마 위에 펴고 소를 한 큰술 정도, 잣을 한 알씩 얹어 네 귀를 한데 모아 맞닿은 자리를 마주 붙여서 네모지게 빚는다.
8. 편수는 끓는 물에 삶아 찬물에 담갔다가 빼낸 후, 간을 맞추어 차게 식혀 놓은 육수를 붓고 지단을 띄워서 초간장과 같이 낸다.

깻잎전

재료
깻잎 30g, 쇠고기 60g, 두부 30g, 달걀 1개, 밀가루 약간

소 양념
소금 1/2작은술, 설탕·다진파·다진마늘·깨소금·참기름·후춧가루 약간씩

초간장
간장 1큰술, 식초 1작은술, 설탕 1작은술

만드는 법

1. 깻잎은 일정한 크기를 준비하여 깨끗이 씻어서 물기를 제거한다.
2. 두부는 으깨고, 쇠고기는 다져서 두부와 섞어서 소 양념을 한다.
3. 준비한 깻잎 안쪽에 밀가루를 묻힌 다음 소를 얄팍하게 넣고 반으로 접는다.
4. 3에 밀가루를 묻히고 달걀물을 씌워서 프라이팬에 지져 내어 초간장과 곁들여 낸다.

Note
깻잎은 너무 오래 지지지 말고 빛이 파래지면 내도록 한다. 너무 크지 않은 것을 골라 쓴다.

알 찜

재료
달걀 1개, 새우젓 2작은술, 물 달걀의 약 2배, 실고추·대파·석이버섯·소금·참기름 약간씩

만드는 법

1. 달걀을 풀어 적당량의 물을 섞고 체에 걸러 거품을 없앤 후 곱게 짠 새우젓 국물을 넣어 간을 맞춘다.
2. 석이버섯은 뜨거운 물에 불린 후 비벼 씻어 0.2cm×2cm로 곱게 채썰고, 소금·참기름으로 무쳐 살짝 볶는다.
3. 실파는 0.3cm×2cm로 어슷썰고, 실고추는 2cm 길이로 짧게 잘라 놓는다.
4. 1의 달걀물을 찜 그릇에 담아 뚜껑을 덮고 열이 오른 찜통에서 10여 분 정도 중불에서 찐다.
5. 달걀이 익으면 준비된 석이채, 파채, 실고추를 얹어 다시 살짝 김을 한 번 올려서 낸다.

Note
알찜은 강한 불에서 찌면 구멍이 뚫려 맛이 없고 모양도 보기 싫게 되므로 은근한 불에서 쪄내야 응고물이 곱고 부드럽다.

오이생채

재 료
오이 100g, 소금 약간

고춧가루 양념
고춧가루 1작은술, 다진파 1작은술, 다진마늘 1/2작은술, 소금 1/2작은술, 설탕 1작은술, 식초 1작은술, 깨소금 1/4작은술

만드는 법

1. 오이는 통째로 소금에 비벼 씻은 후 0.2cm 두께의 원형으로 일정하게 썬다.
2. 썬 오이를 소금에 살짝 절여 면 행주에 싸서 물기를 제거한다.
3. 내기 직전에 고춧가루 양념으로 무쳐서 간을 맞춘 후 보기 좋게 그릇에 담아 낸다.

Note
생채는 무쳐서 오래 두면 빛깔이 변하고 국물이 많이 생기므로 상에 내기 직전에 무쳐 낸다.

26
섭산삼, 두부조림, 호박죽, 오이숙장아찌, 오이생채

시험시간
1시간 40분

Check point

(2007. 10. 14 시행)

❶ 섭산삼은 하얗고 바삭하게 튀겨서 설탕을 뿌려 7개 제출하시오.
❷ 두부조림은 3cm×4.5cm×0.8cm 크기로 하며, 부서지지 않고 질기지 않게 하여 완성품을 5개 제출하시오.
❸ 호박죽은 농도를 맞추어 죽 그릇에 담아 제출하시오.
❹ 오이숙장아찌의 오이는 0.5cm×0.5cm×5cm가 되게 하고, 쇠고기와 표고버섯은 0.3cm×0.3cm×4cm로 채썰고, 무친 상태를 깨끗이 하여 50g 이상 제출하시오.
❺ 오이생채의 오이는 0.2cm 두께의 원형으로 썰어 완성품을 제출하시오.
❻ 문제의 요구 사항대로 작품의 수량이 만들어지지 않을 경우 실격 처리됩니다.
❼ 해당 과제의 지급 재료 외의 재료를 사용할 경우 득점에 관계없이 오작 처리됩니다.

섭산삼

재료
더덕 5뿌리, 소금·찹쌀가루·식용유·설탕 약간씩

만드는법

1. 더덕은 껍질을 벗기고 길이로 갈라 소금물에 쓴맛을 우려낸 후 방망이로 자근자근 펴 준다.
2. 찹쌀가루는 곱게 가루를 내어 더덕에 골고루 묻혀서 중온의 기름에 넣고 색깔나지 않게 하얗고 바삭하게 튀겨서 설탕을 뿌리거나 꿀물에 담가 건진 후 접시에 담는다.

Note

『음식디미방』에서 섭산삼은 더덕의 별칭으로 생김새가 인삼과 비슷하여 사삼(沙蔘)이라 하기도 하였다. 가을철이 제철이며 좋은 더덕은 뿌리가 희고 굵으며 곧게 뻗은 것일수록 영양이 풍부하고 약효가 있다고 한다.

두부조림

재료
두부 1/2모, 소금 1/4작은술, 파 1/4대, 실고추·식용유 약간씩

조림장
간장 1큰술, 설탕 1작은술, 다진파 1작은술, 다진마늘 1/2작은술, 통깨 1/2작은술, 참기름 1/2작은술, 후춧가루 약간, 물 1/4컵

만드는 법

1. 두부는 3cm×4.5cm×0.8cm의 직사각형 모양으로 일정하게 썬 후 소금을 뿌린다.
2. 두부의 물기를 제거한 후 프라이팬에 기름을 두르고 뜨거워지면 두부를 앞뒤로 노릇노릇하게 지져 낸다.
3. 냄비에 두부를 넣고 조림장을 부어 천천히 조리다 두부가 어느 정도 조려지면 파채, 실고추를 올린 후 잠시 뚜껑을 덮었다가 꺼낸다.
4. 완성된 두부를 살짝 겹쳐서 담고 조림할 때 남은 국물을 촉촉하게 끼얹어 낸다.

Note
두부조림은 중간 중간에 양념장을 골고루 끼얹어 가며 조려야 윤기나게 조려진다.

호박죽

재 료
단호박 1/2개, 찹쌀가루 1/2컵, 설탕 1큰술, 소금 1작은술, 불린 땅콩 2큰술, 밤 4개

 만드는법

1. 단호박은 껍질을 벗기고 속의 씨를 제거한 후 적당한 크기로 잘라 삶고, 밤과 불린 땅콩도 껍질 벗겨 각각 삶는다.
2. 물 1컵을 넣고 삶은 호박을 체에 내리면서 으깨어 끓인다.
3. 찹쌀가루에 물을 넣어 혼합한다.
4. 2가 끓기 시작하면 찹쌀가루물을 조금씩 저으면서 넣는다.
5. 죽이 거의 되면 푹 삶은 땅콩과 밤을 같이 넣어 끓인다.
6. 내리기 직전에 설탕과 소금으로 간한다.

Note

호박죽의 농도는 조르륵 흘러야 하며, 풀처럼 뚝뚝 떨어지면 안 된다. 단호박을 쓸 경우에는 설탕의 양을 줄인다.

찹쌀가루 대신 녹말을 넣어 농도를 내는 경우도 있는데 맛은 찹쌀가루가 더 좋다.

오이숙장아찌

재료
오이 1개, 쇠고기 25g, 건표고 1장, 실고추·소금·식용유 약간씩

양념장
간장 1큰술, 설탕 1큰술, 후춧가루·깨소금·참기름·다진파·다진마늘 약간씩

만드는 법

1. 오이는 깨끗이 씻어 0.5cm×0.5cm×5cm 정도 크기로 썰어 소금에 절인다.
2. 건표고는 미지근한 물에 불린 후 채썰어 양념장으로 무친다.
3. 쇠고기는 0.3cm×0.3cm×4cm 정도로 썰어 양념장으로 무친다.
4. 프라이팬에 기름을 두르고 오이, 표고, 쇠고기 순으로 각각 따로 볶는다.
5. 볶아 낸 채소와 고기를 실고추, 깨소금, 참기름, 설탕을 약간 넣고 무친 다음 접시에 담아 낸다.

Note
오이숙장아찌는 각각 따로 조리하여 무치는 방법으로 재료의 색을 조화롭게 담아 낸다.

오이생채

재 료
오이 100g, 소금 약간

고춧가루 양념
고춧가루 1작은술, 다진파 1작은술, 다진마늘 1/2작은술, 소금 1/2작은술, 설탕 1작은술, 식초 1작은술, 깨소금 1/4작은술

만드는법

1. 오이는 통째로 소금에 비벼 씻은 후 0.2cm 두께의 원형으로 일정하게 썬다.

2. 썬 오이를 소금에 살짝 절여, 면 행주에 싸서 물기를 제거한다.

3. 내기 직전에 고춧가루 양념으로 무쳐서 간을 맞춘 후 보기 좋게 그릇에 담아 낸다.

Note

생채는 무쳐서 오래 두면 빛깔이 변하고 국물이 많이 생기므로 상에 내기 직전에 무쳐 낸다.

27
어알탕, 월과채, 홍합초, 제육구이, 오이선

시험시간 2시간

Check point
(2008. 10. 2 시행)

① 어알탕은 1.5cm 크기로 완자를 빚어 완자 9개와 장국 200mL를 제출하시오.
② 월과채는 모든 재료를 가볍게 버무려 잣가루를 뿌려 제출하시오.
③ 홍합초는 국물을 약간 끼얹어 촉촉하게 보이도록 하여 주어진 재료 전량을 제출하시오.
④ 제육구이의 제육의 두께는 0.4cm, 너비는 4~5cm로 고추장 양념하여 석쇠에 구워 제시 재료 전량을 완성품으로 제출하시오.
⑤ 오이선은 4cm 간격으로 어슷하게(반원 모양) 썰어 완성품을 5개 제출하시오.
⑥ 문제의 요구 사항대로 작품의 수량이 만들어지지 않을 경우 실격 처리됩니다.
⑦ 해당 과제의 지급 재료 외의 재료를 사용할 경우 득점에 관계없이 오작 처리됩니다.

어알탕

재료
생선 1/2마리, 쇠고기(등심) 100g, 녹말가루 5큰술, 달걀 1개, 실파 2뿌리, 잣·소금·식용유 약간씩

장국 고기 양념
간장 2작은술, 다진마늘 1작은술, 참기름 1작은술, 후춧가루 약간, 물 8컵

생선 완자 양념
소금 1/2작은술, 다진파 2작은술, 다진마늘 1작은술, 참기름 1작은술, 생강즙 1/2작은술, 흰후춧가루 약간

만드는법

1. 핏물을 제거한 장국용 쇠고기를 납작하게 썰어 고기 양념으로 무친 다음 물을 부어 맑은 장국을 끓인다. 간장과 소금으로 간을 맞춘다.
2. 생선은 1cm 두께로 포를 뜬 다음 곱게 다진다. 생선 완자 양념을 차례로 넣고 끈기가 날 때까지 으깬다. 고루 어우러지면 녹말가루 1큰술을 넣고 섞은 다음 잣을 하나씩 넣어 지름 1.5cm의 완자를 빚는다.
3. 완자로 빚은 어알에 녹말가루를 고루 묻혀 찬물에 담갔다가 건진 다음 다시 녹말가루를 묻힌다. 세 번 정도 반복하여 옷을 입힌 다음 찜통에 담쟁이 잎이나 젖은 행주를 깔고 찐다.
4. 달걀을 황·백으로 나누어 소금을 약간 넣고 지단을 부쳐 완자형으로 썬다. 실파는 다듬어 3cm 길이로 썬다.
5. 장국이 팔팔 끓으면 쪄 낸 어알과 실파를 넣고 잠시 더 끓여서 그릇에 담고 달걀 지단을 띄운다.

Note '어알'이란 생선살을 다져서 새알 모양으로 빚어 만든 것으로, 주로 담백한 흰살 생선을 이용한다.

월과채

재 료
애호박 100g, 쇠고기 50g, 표고버섯 2장, 느타리버섯 100g, 다홍고추 1/2개, 찹쌀가루 1/2컵, 달걀 1개, 잣가루 1작은술, 밀가루 1큰술

고기ㆍ표고 양념
간장 1큰술, 다진파 1작은술, 다진마늘 1/2작은술, 깨소금ㆍ참기름 1작은술씩, 후춧가루 약간

만드는법

1. 애호박은 씨를 빼고 삼각썰기로 썬 다음 소금에 절여 물기를 제거한다.
2. 쇠고기는 채썰고, 표고버섯은 불려 물기를 제거해서 채썰어 양념한다.
3. 느타리버섯은 결대로 찢어 데친 후 소금, 참기름으로 무쳐 놓는다.
4. 다홍고추는 반으로 갈라 씨를 빼서 0.2cm×0.2cm×4cm로 채썬다.
5. 찹쌀가루와 밀가루를 섞어 묽게 개어서 소금간을 하여 얇게 찰부꾸미를 부친 다음 1.5cm×4cm×0.3cm로 굵게 채썬다.
6. 달걀은 황ㆍ백으로 나누어서 5와 같은 크기로 썬다.
7. 1~4의 재료를 각각 볶아 식힌다.
8. 준비된 모든 재료는 소금, 참기름으로 고루 섞어 간을 맞추고 그릇에 담아 잣가루를 뿌린다.

Note
월과채는 애호박과 쇠고기, 버섯 등을 채썰어 양념하여 볶아 찹쌀 전병과 함께 버무려 잡채처럼 만든 음식이다.

홍합초

재료
생홍합 100g, 대파 1/4대, 마늘 1쪽, 생강 1/2쪽, 잣 · 소금 약간씩

조림장
간장 1큰술, 설탕 2/3큰술, 물 1/4컵, 후춧가루 · 참기름 약간씩

만드는법

1. 생홍합은 소금물에 흔들어 깨끗이 씻은 후 잔털을 제거하고 끓는 물에 소금을 넣고 살짝 데쳐 낸다.
2. 마늘과 생강은 0.2cm로 편으로 썰고, 파는 2cm 길이로 썰어 놓는다.
3. 종이 위에 고깔을 뗀 잣을 놓고 곱게 다져 잣가루를 만든다.
4. 냄비에 간장, 설탕, 물을 넣고 끓으면 편으로 썬 마늘과 생강, 데친 홍합을 넣어 중불에서 국물을 끼얹어 가며 은근히 조린다.
5. 국물이 어느 정도 졸아들면 파를 넣고 마지막에 후춧가루와 참기름을 넣고 섞는다.
6. 그릇에 홍합초를 담고 조림 국물을 약간 끼얹은 후 잣가루를 올려 낸다.

Note
홍합은 데칠 때 너무 오래 데치지 않아야 색과 모양이 좋으며, 약한 불에서 은근히 조려야 딱딱해지지 않는다.

제육구이

재 료
돼지고기 100g

고추장 양념
고추장 1큰술, 물 2큰술, 설탕 1큰술, 파·마늘·생강즙·후춧가루·깨소금·참기름 약간씩

만드는 법

1. 돼지고기는 기름기를 제거하여 가로, 세로, 두께를 4.5cm×5.5cm×0.3cm 정도로 썬 후 칼등으로 자근자근 두드리고 중간중간 칼집을 넣는다.
2. 고추장 양념을 만들어 고기를 재운다.
3. 석쇠에 기름을 발라 뜨겁게 한 후 양념한 고기를 올려 중간에 양념을 발라가며 타지 않게 구워 접시에 담는다.

Note

제육구이는 중불 이하에서 구우며, 빛깔을 살리기 위해 고추장 양념을 2~3회 나누어 타지 않게 익힌다.

오이선

재 료
오이 1/2개, 쇠고기 20g,
건표고버섯 1장, 달걀 1개,
소금·식용유 약간씩

소금물
소금 1/2큰술, 물 1/4컵

고기·버섯 양념
간장 1/2작은술, 설탕 1/4
작은술, 다진파 1/4작은술,
다진마늘·깨소금·참기
름·후춧가루 약간씩

단초물
식초 2작은술, 설탕 2작은
술, 물 2작은술, 소금 1/3
작은술

만드는법

1. 오이는 소금으로 비벼 씻어 껍질 쪽에 일정한 간격으로 3군데 칼집을 넣고 소금물에 절인다.(칼집을 낼 때에는 밑부분의 1cm 정도는 남겨야 부재료들을 넣었을 때 떨어지지 않는다.)
2. 쇠고기와 표고버섯은 2.5cm 정도로 가늘게 채썬 후 양념하여 각각 볶아 식힌다.
3. 달걀은 황·백으로 분리하여 소금을 조금 넣고 거품이 나지 않도록 저어 준 후 얇게 지단을 부쳐 2.5cm 길이로 가늘게 채썬다.
4. 1의 오이는 면보에 싸서 물기를 제거하고 파랗게 볶아 식힌다.
5. 볶아 낸 오이의 칼집 속에 표고버섯, 쇠고기, 황·백 지단을 각각 보기 좋게 끼워 넣는다.
6. 단초물은 내기 직전에 오이선 위에 끼얹는다.

28
사슬적, 파전, 깍두기, 도라지생채, 된장찌개

시험시간
1시간 40분

Check point
(2008. 10. 6 시행)

① 사슬적은 각각 1cm×6cm×0.7cm 크기로 썰어 꼬치를 2개 제출하시오.

② 파전은 초간장을 곁들여 제출하시오.

③ 깍두기의 무는 사방 2cm 크기로 깍뚝썰기한 후 새우젓으로 양념하여 제출하시오.

④ 도라지생채의 도라지는 0.3cm×0.3cm×6cm 크기로 다듬고 쓴맛을 뺀 다음 무쳐 제출하시오.

⑤ 된장찌개의 두부는 사방 2.5cm 크기로 썰어 찌개를 완성하여 제출하시오.

⑥ 문제의 요구 사항대로 작품의 수량이 만들어지지 않을 경우 실격 처리됩니다.

⑦ 해당 과제의 지급 재료 외의 재료를 사용할 경우 득점에 관계없이 오작 처리됩니다.

사슬적(어산적)

재 료
동태 1/2마리, 쇠고기 80g, 두부 30g, 밀가루 1큰술, 실백 1작은술, 대꼬챙이 3개, 식용유 1큰술

고기·두부 양념
소금 1/3작은술, 설탕 1/4작은술, 파 1작은술, 마늘 1/2작은술, 참기름 1/2작은술, 깨소금 1작은술, 후춧가루 1/8작은술

생선 양념
소금·생강·흰후춧가루 약간씩

초간장
간장 2큰술, 식초 1큰술, 설탕 1작은술

만드는법

1. 쇠고기는 곱게 다져서 핏물을 빼놓고, 두부는 물기를 빼고 다져서 쇠고기와 함께 섞어 양념한다.
2. 동태는 껍질을 벗겨서 1cm×6cm×0.7cm 크기로 썰어 물기 제거 후 소금, 흰후춧가루로 밑간을 한다.
3. 실백은 고깔을 떼고 곱게 다진다.
4. 동태를 꼬챙이에 끼우고 고기와 맞닿는 쪽에 밀가루를 묻힌 다음 사이사이에 1의 고기를 모양 내어 꼬챙이에 끼운다.(쇠고기는 폭 1cm, 길이 7cm로 썰어서 사용하기도 하고, 고기와 두부를 다져서 사용하기도 하는데, 재료의 제시나 요구 사항에 따라 만든다.)
5. 프라이팬에 기름을 두르고 꼬치를 지져 내어 접시에 담는다. 잣가루를 뿌리고 초간장을 곁들여 낸다.

  고기와 생선은 꼬챙이에 끼워 구우면 1~2cm 정도 줄어들므로 가열했을 때의 길이를 감안하여 자르도록 한다.

파 전

재 료
쪽파 300g, 조갯살 70g, 굴 70g, 생홍합 70g, 새우살 70g, 식용유 약간

밀가루 반죽
밀가루 1컵, 쌀가루 1/2컵, 물 2컵, 달걀 1개, 소금 1작은술

초간장
간장 1큰술, 식초 1/2큰술, 설탕 1작은술

만드는법

1. 쪽파는 손질 후 흰 부분을 자근자근 두드린다.
2. 조갯살, 홍합, 굴은 소금물에 씻어 물기 제거 후 굵직하게 썬다.
3. 달걀을 푼 후 물을 섞고 밀가루와 쌀가루를 넣어 소금으로 간하여 반죽을 만든다.
4. 달군 프라이팬에 기름을 두르고 파에 밀가루를 묻혀 밀가루 반죽에 담갔다 건져 뜨거운 프라이팬에 놓는다.
5. 파 사이사이에 해물을 넣고 반죽물을 고루 얹어 양면을 지진다. 초간장을 곁들여 낸다.

Note
파전은 멥쌀가루나 찹쌀가루에 다시멸치 물로 반죽하기도 한다.

깍두기

재 료
무(중) 1개, 굵은 소금 1/4컵, 미나리 30g, 실파 50g

양 념
고춧가루 3큰술, 마늘 20g, 생강 1/2톨, 새우젓 1큰술, 소금 1/4작은술, 설탕 1작은술

만드는 법

1. 무는 손질하여 씻고 사방 2cm 크기로 깍둑썰기한 다음 굵은 소금으로 절였다가 체에 건져 놓는다.
2. 실파와 미나리는 다듬어 씻어 4cm 정도의 길이로 썰고, 마늘과 생강은 곱게 다진다.
3. 새우젓은 잡티를 골라 내고 건더기만 건져 곱게 다진다.
4. 무에 양념을 버무리고 나머지 재료인 미나리, 실파를 섞어 살살 버무려 그릇에 담는다.

Note

깍둑썰기한 무에 소금을 뿌려 절이고 다 절여지면 체에 밭쳐 양념한다. 그러나 깍둑썰기한 생무에 고춧가루를 먼저 버무린 후 양념을 하면 어느 정도 익었을 때 무에서 물이 나와 양념이 씻겨 내려 색이 흐려지고 국물이 많이 생기게 된다.

도라지생채

재 료
통도라지 100g, 소금 1큰술

양념장
고추장 1/2큰술, 고운 고춧가루 1/2작은술, 설탕 1작은술, 식초 1작은술, 다진파 1/2작은술, 다진마늘 1/2작은술, 깨소금 1/2작은술

만드는법

1. 도라지는 껍질을 벗겨 0.3cm×0.3cm×6cm 크기로 썬다. 소금으로 문질러 씻어 쓴맛을 제거하고 면보로 눌러 물기를 제거한다.
2. 내기 직전에 도라지에 양념이 배도록 고루 무친다.
3. 완성품을 보기 좋게 접시에 소복이 담아 낸다.

Note
도라지는 쓴맛이 많이 나므로 찬물에 담가 아린 맛을 우려 내고 소금으로 주물러 씻는다.

된장찌개

재료
된장 2큰술, 쇠고기 50g, 두부 40g, 애호박 40g, 표고버섯 1장, 청고추 2개, 홍고추 1개, 대파 1/2대, 다진마늘 1/2작은술, 고춧가루 1작은술

고기 양념
간장 1/2큰술, 다진파 1작은술, 다진마늘 1작은술, 참기름 1/2작은술, 설탕·후춧가루 약간

된장 국물
쌀뜨물(물) 3컵, 된장 3큰술, 고춧가루 1작은술, 다진마늘 1작은술

만드는 법

1. 쇠고기는 납작하게 썰어 고기 양념을 한다.
2. 호박은 0.5cm 두께로 썰어 4등분하고, 표고버섯은 불려 4등분한다.
3. 두부는 사방 2.5cm로 썰고, 대파와 고추는 어슷하게 썬다.
4. 쌀뜨물로 된장 국물을 만든다.
5. 냄비에 쇠고기를 넣고 볶다가 된장 국물을 붓고 잠시 끓여 호박과 표고버섯을 넣는다. 호박이 어느 정도 익으면 두부를 넣고 끓인다.
6. 대파, 고추, 고춧가루를 넣고 잠시 더 끓인다.

Note
된장은 콩을 발효시켜 만든 식품으로, 음식의 간을 맞추고 맛을 내는 조미료의 역할을 한다.

29
풋고추전, 칠절판, 더덕생채, 연근조림, 뱅어포구이

시험시간 1시간 50분

Check point
(2008. 10. 6 시행)

1. 풋고추전은 5cm 정도의 길이로 데쳐서 사용하고, 고추의 파란 면이 깨끗해야 하며, 반 자른 고추전 6개를 초간장과 같이 제출하시오.
2. 칠절판의 밀전병은 지름 7cm로 7개 만들고, 채소와 황·백 지단, 쇠고기의 크기는 0.2cm×0.2cm×5cm 정도로 곱게 채썰어 완성품을 제출하시오.
3. 더덕은 두들겨 펴서 부스러지지 않도록 가늘고 길게 찢어 양념하여 제출하시오.
4. 연근조림의 연근은 0.3cm 두께로 썰어 삶아서 윤기나게 조림하여 제출하시오.
5. 뱅어포구이는 양념을 골고루 묻혀 색깔에 유의하여 구워 4cm×2cm 크기로 썰어서 제출하시오.
6. 문제의 요구 사항대로 작품의 수량이 만들어지지 않을 경우 실격 처리됩니다.
7. 해당 과제의 지급 재료 외의 재료를 사용할 경우 득점에 관계없이 오작 처리됩니다.

풋고추전

재료
풋고추 2개, 밀가루 15g,
달걀 1개, 식용유 약간
소
쇠고기 30g, 두부 10g
고기·소 양념
다진파·다진마늘·후춧가
루·소금·깨소금·설탕·
참기름 약간씩
초간장
간장 1큰술, 식초 1/2큰술,
설탕 1/2큰술

만드는 법

1. 고추는 반으로 잘라 씨를 털어 내고 5cm 길이로 썰어 끓는 물에 소금을 넣고 파랗게 데친다.
2. 쇠고기는 곱게 다지고, 두부는 면보에 넣어 물기를 뺀 후 칼 옆면으로 곱게 으깨어 쇠고기와 혼합한 후 양념을 넣고 잘 치대어 반죽한다.
3. 고추 안쪽에 밀가루를 묻혀 양념한 고기를 넣고 편편하게 채운다.
4. 소를 넣은 쪽에 밀가루를 묻히고 달걀물을 씌워 프라이팬에 고추의 밑부분을 지진다.
5. 풋고추전을 초간장과 같이 제출한다.

Note

풋고추는 데치지 않고 안쪽에 소금을 약간 뿌려 두었다가 사용해도 좋다. 속을 너무 많이 넣지 않아야 지져 낸 후의 모양이 깔끔하다.

칠절판

재료
쇠고기 50g, 달걀 1개, 오이 1/2개, 당근 50g, 석이버섯 5장, 식용유 약간

밀전병
밀가루 5큰술, 물 6큰술, 소금 약간

고기 양념
간장 1/2작은술, 참기름 1/2작은술, 설탕 1/2작은술, 소금·마늘·파·깨소금·후춧가루 약간씩

만드는법

1. 밀가루와 물을 섞고 소금을 넣어 멍울이 없도록 풀어준 후 체에 내린다.
2. 오이는 5cm 길이로 돌려깎기한 후 0.2cm×0.2cm로 채썰어 소금에 절여 물기를 제거해 준다.
3. 당근도 오이와 같은 크기로 채썰어 소금을 살짝 뿌린다.
4. 쇠고기는 채소 길이보다 1cm 정도 길게 썬 후 양념을 한다.
5. 석이버섯은 뜨거운 물에 불려 이끼를 제거하고 돌을 따낸 후 물기를 제거하고 돌돌 말아 채썰어 참기름, 소금으로 양념한다.
6. 달걀은 황·백으로 분리하여 프라이팬에 지단을 부친다. 부친 지단은 0.2cm×0.2cm×5cm로 곱게 채썬다.
7. 팬에 기름을 두른 후 오이, 당근, 석이버섯, 쇠고기 순서로 볶아 낸다.
8. 불을 약하게 하여 프라이팬에 지름 7cm 크기로 밀전병을 부친다.
9. 접시에 볶아 낸 재료를 돌려 담은 후 중앙에 밀전병을 담아 낸다.

더덕생채

재료
더덕 150g, 소금 약간

양념장
고운고춧가루 1/2큰술, 고추장 1/2큰술, 설탕 1/2큰술, 식초 1/2큰술, 다진파 1작은술, 다진마늘 1/2작은술, 깨소금 1/2작은술

만드는법

1. 더덕은 껍질을 돌려가며 벗긴 후 반으로 갈라 소금물에 담가 쓴맛을 우려 낸다.
2. 물기를 없애고 방망이로 민 다음, 가늘게 찢어 고운 고춧가루로 묻혀 둔다.
3. 더덕에 양념장을 넣어 무친다.

Note
더덕과 같이 쓴맛이 있는 식품은 설탕을 넣으면 쓴맛을 줄일 수 있으며, 생채는 물이 생기지 않도록 내기 직전에 양념하여 무친다.

연근조림

재료
연근 300g(식초 1큰술, 물 2컵), 참기름 1/4작은술, 깨소금 1/4작은술

조림장
간장 4큰술, 설탕 3큰술, 물 1컵, 양파 30g, 마늘 3톨, 통후추 5알, 건고추 2개, 생강 1톨, 대파 20g

만드는법

1. 연근은 너무 굵지 않은 것으로 구입하여 껍질을 벗기고 0.3cm 두께로 썰어 식초물에 10여 분 담가 둔다.
2. **1**의 연근을 건져 내어 찬물에서 삶는다.
3. 조림장에 **2**의 연근을 넣고 조린다.
4. **3**이 어느 정도 졸아 국물이 약간 남아 있을 때 연근을 건진 후 참기름, 깨소금으로 마무리하여 접시에 담아 낸다.

Note

연근은 공기 중에 방치하면 갈변되므로 식초물에 담가 보관해야 변색을 막을 수 있다. 연근을 식초에 삶아 내는 이유는 연근에 포함된 산화 효소가 물에 녹으므로 갈변 작용이 중지되기 때문이다. 또한 무, 연근 등 뿌리 채소류는 찬물에서 삶아야 부드럽다.

뱅어포구이

재 료
뱅어포 5장(50g), 식용유 2큰술

구이 양념장
고추장 4큰술, 설탕 2큰술, 간장 1작은술, 다진파 1큰술, 다진마늘 2작은술, 깨소금 2작은술, 참기름 2작은술, 물엿 1큰술, 후춧가루 약간

만드는법

1. 뱅어포는 잡티를 골라 낸다.
2. 대파와 마늘은 곱게 다져 구이 양념장에 넣는다.
3. 뱅어포 한 면에 양념장을 골고루 발라서 잠시 두어 마르게 한다.
4. 달군 프라이팬에 식용유를 두르고 뱅어포를 약불에서 서서히 굽는다.
5. 뱅어포구이가 식으면 4cm×2cm 크기로 썰어서 담는다.

Note
간장이나 고추장 양념을 바르면 타기 쉬우므로 불의 세기를 잘 조절하여 서서히 굽는다. 미리 양념장을 발라서 잠깐 햇볕에 놓아 꾸덕꾸덕 물기를 없앤 다음에 구우면 굽기가 쉽다.

30
두부조림, 북어찜, 사슬적, 표고전, 호박나물

시험시간 1시간 50분

Check point
(2008. 10. 7 시행)

❶ 두부조림은 3cm×4.5cm×0.8cm 크기로 하며, 부서지지 않고 질기지 않게 하여 완성품을 5개 제출하시오.

❷ 북어찜은 5cm 길이로 하고, 완성품은 3토막 제출하시오.

❸ 사슬적은 각각 1cm×6cm×0.7cm 크기로 썰어 꼬치를 2개 제출하시오.

❹ 표고전의 완성품은 5개 제출하시오.

❺ 호박나물의 호박은 2등분하여 0.3cm 두께로 썰어 볶아 제출하시오.

❻ 문제의 요구 사항대로 작품의 수량이 만들어지지 않을 경우 실격 처리됩니다.

❼ 해당 과제의 지급 재료 외의 재료를 사용할 경우 득점에 관계없이 오작 처리됩니다.

두부조림

재료
두부 1/2모, 소금 1/4작은술, 파 1/4대, 실고추·식용유 약간씩

조림장
간장 1큰술, 설탕 1작은술, 다진파 1작은술, 다진마늘 1/2작은술, 통깨 1/2작은술, 참기름 1/2작은술, 후춧가루 약간, 물 1/4컵

만드는법

1. 두부는 3cm×4.5cm×0.8cm의 직사각형 모양으로 일정하게 썬 후 소금을 뿌린다.
2. 두부의 물기를 제거한 후 프라이팬에 기름을 두르고 뜨거워지면 두부를 앞뒤로 노릇노릇하게 지져 낸다.
3. 냄비에 두부를 넣고 조림장을 부어 천천히 조리다 두부가 어느 정도 조려지면 파채, 실고추를 올린 후 잠시 뚜껑을 덮었다가 꺼낸다.
4. 완성된 두부를 살짝 겹쳐서 담고 조림할 때 남은 국물을 촉촉하게 끼얹어 낸다.

Note
두부조림은 중간 중간에 양념장을 골고루 끼얹어 가며 조려야 윤기나게 조려진다.

북어찜

재료
통북어 1마리, 실고추·파 약간씩

간장 양념
간장 2큰술, 파 1/2뿌리, 마늘 1쪽, 생강 1쪽, 깨소금·참기름·설탕·고춧가루 약간씩

만드는법

1. 북어는 다듬어서 5cm 길이로 자른다.
2. 파는 고명으로 채썰어 놓고, 마늘과 생강은 다진다.
3. 냄비에 북어를 담고 간장 양념을 끼얹는다. 물을 자작하게 부은 후 약한 불에서 끼얹어 가며 천천히 조린다.
4. 북어가 잘 무르면 실고추, 파채를 얹고 잠시 조린 다음 국물과 함께 제출 직전에 그릇에 담아 낸다.

Note
북어는 다른 생선보다 지방이 적어서 과음한 다음날 아침에 국을 끓여 먹으면 시원하고 개운하며 간을 보호해 준다. 12~1월이 제철이다.

사슬적(어산적)

재료
동태 1/2마리, 쇠고기 80g, 두부 30g, 밀가루 1큰술, 실백 1작은술, 대꼬챙이 3개, 식용유 1큰술

고기·두부 양념
소금 1/3작은술, 설탕 1/4작은술, 파 1작은술, 마늘 1/2작은술, 참기름 1/2작은술, 깨소금 1작은술, 후춧가루 1/8작은술

생선 양념
소금·생강·흰후춧가루 약간씩

초간장
간장 2큰술, 식초 1큰술, 설탕 1작은술

만드는법

1. 쇠고기는 곱게 다져서 핏물을 빼놓고, 두부는 물기를 빼고 다져서 쇠고기와 함께 섞어 양념한다.
2. 동태는 껍질을 벗겨서 1cm×6cm×0.7cm 크기로 썰어 물기 제거 후 소금, 흰후춧가루로 밑간을 한다.
3. 실백은 고깔을 떼고 곱게 다진다.
4. 동태를 꼬챙이에 끼우고 고기와 맞닿는 쪽에 밀가루를 묻힌 다음 사이사이에 1의 고기를 모양 내어 꼬챙이에 끼운다.(쇠고기는 폭 1cm, 길이 7cm로 썰어서 사용하기도 하고, 고기와 두부를 다져서 사용하기도 하는데, 재료의 제시나 요구 사항에 따라 만든다.)
5. 프라이팬에 기름을 두르고 꼬치를 지져 내어 접시에 담는다. 잣가루를 뿌리고 초간장을 곁들여 낸다.

Note 고기와 생선은 꼬챙이에 끼워 구우면 1~2cm 정도 줄어들므로 가열했을 때의 길이를 감안하여 자르도록 한다.

표고전

재료
건표고버섯(중) 5개, 쇠고기 50g, 두부 10g, 달걀 1개, 밀가루 50g, 식용유·참기름·간장 약간씩

소·고기 양념
후춧가루·소금·깨소금·설탕·참기름·다진파·다진마늘 약간씩

만드는법

1. 표고버섯은 미지근한 물에 불려서 기둥을 떼어 내고 물기를 제거한 다음 간장, 참기름으로 유장 처리한다.
2. 쇠고기는 곱게 다지고, 두부는 면보에 넣어 물기를 뺀 후 칼의 옆면으로 곱게 으깬 다음 혼합한 후 소 양념을 넣고 잘 치대어 반죽한다.
3. 표고버섯 안쪽에 밀가루를 묻혀 양념한 고기를 넣고 편편하게 채운다.
4. 소금을 약간 넣은 달걀물을 씌워 프라이팬에 표고버섯의 밑부분을 지진다.
5. 고기가 익으면 뒤집어 익힌 후 제출한다.

Note

표고는 물에 충분히 불려야 부드러우며, 물기를 잘 닦아야 전을 부칠 때 물이 생기지 않는다. 표고전은 크기를 너무 두껍게 부치지 않아야 하고 표면을 깨끗히 해서 지진다.

호박나물

재 료
애호박(중) 1개, 홍고추 1개, 소금 2작은술, 다진파 1큰술, 다진마늘 1/2큰술, 깨소금 1/2큰술, 참기름 1/2큰술, 식용유 1큰술

만드는법

1. 애호박은 길이로 2등분하여 0.3cm 두께로 썰어 소금에 살짝 절여 물기를 제거한다.
2. 홍고추는 씨를 제거한 다음 3cm 길이로 가늘게 채썬다.
3. 프라이팬에 식용유를 두르고 호박을 살짝 볶다가 홍고추, 파, 마늘, 깨소금, 참기름을 넣어 재빨리 볶는다.

Note
애호박은 새우, 쇠고기와 궁합이 잘 맞으며 감기, 야맹증, 눈의 피로 예방에 효과적이다.

31
완자탕, 북어보푸라기, 오이숙장아찌, 호두조림, 두부선

시험시간
2시간 10분

Check point
(2009. 4. 25 시행)

① 완자의 크기는 지름 2cm의 둥근 원형으로 7개, 국물의 양은 200mL 정도로 만들어 제출하시오.
② 북어보푸라기는 삼색의 구분이 뚜렷하고, 분할된 상태가 일정하며, 색에 유의하여 제출하시오.
③ 오이숙장아찌의 오이는 0.5cm×0.5cm×5cm가 되게 하고, 쇠고기와 표고버섯은 0.3cm×0.3cm×4cm로 채썰고, 무친 상태를 깨끗이 하여 50g 이상 제출하시오.
④ 호두조림은 호두가 부스러지지 않도록 하여 윤기나게 조려 주어진 재료 전량을 제출하시오.
⑤ 두부선은 3cm×3cm×1cm 크기로 하여 완성하고, 초간장을 곁들여 제출하시오.
⑥ 문제의 요구 사항대로 작품의 수량이 만들어지지 않을 경우 실격 처리됩니다.
⑦ 해당 과제의 지급 재료 외의 재료를 사용할 경우 득점에 관계없이 오작 처리됩니다.

완자탕

재료
쇠고기(완자 50g, 육수 30g) 80g, 두부 20g, 달걀 1개, 밀가루·소금·간장·식용유 약간씩

고기·두부 양념
다진파 1작은술, 다진마늘 1/2작은술, 깨소금 1/4작은술, 참기름 1/4작은술, 후춧가루·소금 약간씩

만드는 법

1. 쇠고기의 일부는 찬물에 파, 마늘 등과 함께 끓여 맑은 장국을 만든다.(장국은 면보에 걸러 준다.)
2. 나머지 쇠고기는 기름기를 제거한 후 곱게 다지고, 두부는 면보에 싸서 물기를 제거한 후 곱게 으깨어 고기와 함께 양념하여 끈기있게 치대어 지름 2cm의 완자를 빚는다.(완자는 조리 후에 약간 커지므로 요구 사항보다 약간 작게 빚는 것이 좋다.)
3. 달걀은 황·백으로 나누어 반은 지단을 부쳐서 2cm×2cm의 마름모꼴로 썰고, 나머지는 혼합하여 체에 내려 둔다.
4. 준비된 완자를 굴려 밀가루를 묻힌 다음 달걀물을 입히고 체에 완자를 밭쳐 여분의 달걀물을 뺀 후 프라이팬에 달걀물 입힌 완자를 놓고 완자가 굴러갈 수 있도록 프라이팬에 돌려가며 지져 낸다.
5. 간장과 소금으로 육수 간을 맞추고 끓으면 완자를 넣어 잠시 끓인다.
6. 완성된 완자탕을 그릇에 담고 황·백 지단을 고명으로 띄워 낸다.

북어보푸라기

재료
북어포 1마리, 고춧가루·설탕·소금·깨소금·간장·참기름 약간씩

만드는법

1. 북어는 머리를 떼어 내고 뼈와 잔가시를 발라 낸 다음 숟가락으로 긁거나 강판에 갈아 보푸라기로 만든다.
2. 먼저 설탕과 참기름, 깨소금으로 양념하여 보슬보슬하게 무친다.
3. 무친 보푸라기를 3등분하여 소금, 고춧가루, 간장으로 각각 양념하여 비벼서 또다시 보슬보슬하게 무친다.
4. 삼색(소금색, 고춧가루색, 간장색)의 북어보푸라기를 한 접시에 모양내어 담아 낸다.

Note
모양을 낼 때 두 손 사이에 놓고 눌리지 않도록 성형한 후 그릇에 담는다. 얇은 젓가락을 사용하여 윗부분을 살살 펴 주며 솜처럼 만든다.

오이숙장아찌

재료
오이 1개, 쇠고기 25g, 건표고 1장, 실고추·소금·식용유 약간씩

양념장
간장 1큰술, 설탕 1큰술, 후춧가루·깨소금·참기름·다진파·다진마늘 약간씩

만드는법

1. 오이는 깨끗이 씻어 0.5cm×0.5cm×5cm 정도 크기로 썰어 소금에 절인다.
2. 건표고는 미지근한 물에 불린 후 채썰어 양념장으로 무친다.
3. 쇠고기는 0.3cm×0.3cm×4cm 정도로 썰어 양념장으로 무친다.
4. 프라이팬에 기름을 두르고 오이, 표고, 쇠고기 순으로 각각 따로 볶는다.
5. 볶아 낸 채소와 고기를 실고추, 깨소금, 참기름, 설탕을 약간 넣고 무친 다음 접시에 담아 낸다.

Note
오이숙장아찌는 각각 따로 조리하여 무치는 방법으로 재료의 색을 조화롭게 담아 낸다.

호두조림

재 료
호두 200g, 잣 1큰술, 참기름 1작은술

조림장
간장 3큰술, 물엿 2큰술, 설탕 1큰술, 물 1/2컵

 만드는법

1. 호두는 따뜻한 식초물에 불려 부서지지 않도록 꼬챙이로 속껍질을 벗긴다.
2. 속껍질을 벗긴 호두에 조림장을 넣어 중간불에서 조린다.
3. 조린 호두에 잣을 넣고 물엿을 넣어 다시 한번 더 조린 후 참기름으로 마무리한다.

Note

호두는 강도, 감추자, 추자, 핵도 등으로 불리우며, 무기질과 비타민 B_6가 풍부해서 강장 효과와 노화 방지에 좋다.

두부선

재료
두부 1/2모, 닭가슴살 60g, 홍고추 1/4개, 청고추 1/2개, 건표고버섯 2장, 식용유 약간

고명
석이버섯 1장, 대추 2알, 달걀 1개, 실백 3g, 실고추 약간

두부 양념
소금 1/2작은술, 다진파 2작은술, 다진마늘 1작은술, 참기름 1/2작은술, 깨소금 1작은술, 후춧가루 약간

초간장
간장 1큰술, 식초 1작은술, 설탕 1작은술

만드는법

1. 두부는 거즈에 물기를 짜서 으깨고, 닭고기는 곱게 다진다.
2. 홍고추, 청고추는 씨를 빼서 다지고, 건표고버섯은 따뜻한 물에 불려 기둥을 따 내고 포를 떠서 곱게 채썬다.
3. 석이버섯은 따뜻한 물에 불려 뒷면의 이끼와 돌을 제거하고 곱게 채썬다.
4. 대추는 돌려깎기하여 밀대로 밀어 채썰고, 실백은 고깔을 따서 비늘잣을 만들고, 실고추는 2cm 길이로 자른다.
5. 달걀은 황·백으로 나누어 지단을 부친 후 0.1cm×0.1cm×2cm로 가늘게 채썬다. 흰자는 조금 남긴다(7에 사용).
6. 1을 계속 치대여 두부 양념하고 2의 채소와 고루 섞어 납작한 그릇에 젖은 면보를 깔고 1cm 두께로 정사각으로 펴 놓는다.
7. 6에 3, 4, 5를 고루 뿌려 눌러 주고 표고채, 비늘잣(흰자를 바른 후에 고명을 올려야 잘 붙는다.)을 올린 후 찜통에서 10여 분 쪄낸 후 식힌다.(찜솥에서 꺼낼 때는 찬물을 약간 끼얹어야 손을 데지 않는다.)
8. 쪄진 두부선은 3cm×3cm×1cm로 썰어 접시에 보기 좋게 담아 내고 초간장을 곁들인다.

01

호박선, 생선양념구이, 삼합초, 오이숙장아찌, 도라지생채

시험시간
1시간 50분

Check point

① 호박선의 호박은 반으로 갈라 4cm 길이로 썰어 3번 칼집을 넣고, 완성품은 3개를 제출하시오.
② 생선양념구이의 생선은 머리를 제거하지 않아야 하며 배를 가르지 않고 내장을 꺼낸 후 완전한 형태의 생선으로 구워야 하며, 담을 때 담는 방향을 고려하여 제출하시오.
③ 삼합초는 촉촉하게 보이도록 국물을 약간 끼얹고 주어진 재료를 모두 제출하시오.
④ 오이숙장아찌의 오이는 0.5cm×0.5cm×5cm가 되게 하고, 쇠고기와 표고버섯은 0.3cm×0.3cm×4cm로 채썰고, 무친 상태를 깨끗히 하여 50g 이상 제출하시오.
⑤ 도라지생채의 도라지는 0.3cm×0.3cm×6cm 크기로 다듬고 쓴맛을 뺀 다음 무쳐 제출하시오.
⑥ 문제의 요구 사항대로 작품의 수량이 만들어지지 않을 경우 실격 처리됩니다.
⑦ 해당 과제의 지급 재료 외의 재료를 사용할 경우 득점에 관계없이 오작 처리됩니다.

호박선

재료
애호박 1/2개, 쇠고기 60g, 당근 20g, 건표고 1장, 달걀 1개, 석이버섯 1장, 실고추 적당량, 잣 4알, 소금 약간

고기 · 표고버섯 양념
간장 1작은술, 설탕 1/4작은술, 다진파 1/2작은술, 다진마늘 1/4작은술, 깨소금 · 참기름 · 후춧가루 약간씩

겨자즙
겨자(발효시킨 것) 1작은술, 물(육수) 1큰술, 소금 약간, 설탕 1작은술, 간장 1작은술, 식초 1큰술

만드는 법

1. 호박은 반을 가른 후 4cm로 썰어 칼집을 3번 넣고 소금물에 절인다.
2. 쇠고기의 반은 채썰어 양념하고 반은 육수를 만든다. 표고버섯은 가늘게 채썰어 양념하고, 당근은 0.1cm×0.1cm×2cm로 썰어 살짝 데쳐 물기를 제거한 후 소금, 참기름으로 양념한 다음 쇠고기, 표고버섯과 합하여 소를 만든다.
3. 달걀은 황 · 백으로 분리해서 각각 지단을 부쳐 0.1cm×2cm로 채썰어 참기름, 소금으로 양념한 다음 볶는다.
4. 실고추는 짧게 잘라 놓고, 잣은 고깔을 떼어 준비한다.
5. 절인 호박은 물기를 제거한 후 칼집 사이사이에 양념한 소를 끼워 넣는다.
6. 냄비에 간을 맞춘 육수를 호박에 넣은 칼집 밑부분까지 붓고, 소 부분에 육수를 끼얹어가며 익힌다(물에 간장으로 색을 내고 소금으로 간을 맞춰 육수 대용으로 쓴다).
7. 그릇에 호박선을 담고 육수 1큰술 정도를 호박선에 촉촉하게 끼얹은 다음 황 · 백 지단, 석이버섯, 실고추, 잣을 고명으로 얹는다.
8. 겨자즙이나 초간장을 곁들여 낸다.

생선양념구이

재 료
병어 1마리

유 장
참기름 1큰술, 간장 1작은술

양념장
고추장 2큰술, 다진파·다진마늘·생강·후춧가루·소금·설탕·참기름·간장·물 약간씩

만드는법

1. 생선은 아가미 쪽으로 내장을 제거한 후 양쪽에 2cm 간격으로 어슷하게 3번 칼집을 넣고 소금을 뿌려 둔다.
2. 생선에 유장을 바른 후 재워 두고, 양념장을 만든다.
3. 석쇠에 기름을 발라 뜨겁게 달군 후 고기를 놓고 타지 않게 애벌구이 한다. 양념장을 애벌구이한 생선에 바른다. 다시 석쇠에 기름을 바르고 뜨겁게 한 후 양념장을 바른 고기를 타지 않게 굽는다.
4. 머리는 왼쪽, 꼬리는 오른쪽, 배가 앞쪽으로 가도록 접시에 담는다.

Note
유장에 재운 생선은 거의 익혀야 고추장 양념을 발라 구울 때 타지 않고 빨리 구울 수 있다.

삼합초

재료
홍합 100g, 생전복 1개 (100g), 불린 해삼 50g, 쇠고기(우둔살) 50g, 잣 약간

고기 양념
간장 1작은술, 설탕 1/2작은술, 마늘 2쪽, 생강 1톨, 참기름·후춧가루·흰파 약간씩

조림장
간장 2큰술, 물 1/2컵, 설탕 1큰술, 참기름 1작은술, 후춧가루 약간

만드는법

1. 쇠고기를 납작납작하게 저며 썰어 고기 양념으로 버무린다.
2. 홍합은 털을 다듬어서 끓는 물에 넣고 삶는다.
3. 전복은 껍질째 솔로 깨끗이 씻는다. 살의 검은 막을 소금으로 문질러 씻은 다음 내장을 떼어 내고 얇게 저민다.
4. 불린 해삼은 내장을 빼고 씻은 다음 어슷하게 저며 썬다.
5. 흰파를 다듬어서 3cm 길이로 토막 내고, 마늘과 생강은 얇게 저며 썬다.
6. 냄비에 조림장을 넣고 불에 올려 끓어오르면 먼저 양념한 쇠고기를 넣고 조린다.
7. 쇠고기가 익으면 후춧가루를 뿌리고 준비한 해물을 넣어 고루 간이 들도록 섞으면서 서서히 조린다.
8. 국물이 거의 졸아들면 참기름을 넣고 골고루 섞는다. 그릇에 모양 내어 담고 잣가루를 뿌린다.

오이숙장아찌

재 료
오이 1개, 쇠고기 25g, 건표고 1장, 실고추·소금·식용유 약간씩

양념장
간장 1큰술, 설탕 1큰술, 후춧가루·깨소금·참기름·다진파·다진마늘 약간씩

만드는 법

1. 오이는 깨끗이 씻어 0.5cm×0.5cm×5cm 정도 크기로 썰어 소금에 절인다.
2. 건표고는 미지근한 물에 불린 후 채썰어 양념장으로 무친다.
3. 쇠고기는 0.3cm×0.3cm×4cm 정도로 썰어 양념장으로 무친다.
4. 프라이팬에 기름을 두르고 오이, 표고, 쇠고기 순으로 각각 따로 볶는다.
5. 볶아 낸 채소와 고기를 실고추, 깨소금, 참기름, 설탕을 약간 넣고 무친 다음 접시에 담아 낸다.

Note
오이숙장아찌는 각각 따로 조리하여 무치는 방법으로 재료의 색을 조화롭게 담아 낸다.

도라지생채

재 료
통도라지 100g, 소금 1큰술

양념장
고추장 1/2큰술, 고운고춧가루 1/2작은술, 설탕 1작은술, 식초 1작은술, 다진파 1/2작은술, 다진마늘 1/2작은술, 깨소금 1/2작은술

만드는법

1. 도라지는 껍질을 벗겨 0.3cm×0.3cm×6cm 크기로 썬다. 소금으로 문질러 씻어 쓴맛을 제거하고 면보로 눌러 물기를 제거한다.
2. 내기 직전에 도라지에 양념이 배도록 고루 무친다.
3. 완성품을 보기 좋게 접시에 소복이 담아 낸다.

Note
도라지는 쓴맛이 많이 나므로 찬물에 담가 아린 맛을 우려 내고 소금으로 주물러 씻는다.

02

약식, 두부젓국찌개, 낙지볶음, 생선양념구이, 화양적

시험시간 2시간 10분

Check point

1. 약식은 10cm×10cm×1cm 크기로 완성물을 제출하시오(217쪽의 크기의 요구 사항이 다름. 요구 사항 필독 후 조리).
2. 두부젓국찌개의 두부는 2cm×3cm×1cm 크기로, 붉은고추는 0.5cm×3cm 크기로, 실파는 3cm 길이로 썰어 완성하여 제출하시오.
3. 낙지볶음의 낙지는 6cm 길이로 볶아 제출하시오.
4. 생선양념구이의 생선은 머리를 제거하지 않아야 하며 배를 가르지 않고 내장을 꺼낸 후 완전한 형태의 생선으로 구워야 하며, 담을 때 담는 방향을 고려하여 제출하시오.
5. 화양적의 길이는 6cm가 되도록 하고, 꼬치의 양끝이 1cm 남도록 끼우며, 완성품 2개를 제출하시오.
6. 문제의 요구 사항대로 작품의 수량이 만들어지지 않을 경우 실격 처리됩니다.
7. 해당 과제의 지급 재료 외의 재료를 사용할 경우 득점에 관계없이 오작 처리됩니다.

약 식

재료
찹쌀 2컵, 대추 10알, 밤 5알, 흑설탕 1/2컵, 참기름 2큰술, 계핏가루 약간, 꿀 2큰술, 진간장 2큰술, 대추고 2큰술

설탕물
설탕 3큰술, 물 1/3컵

만드는 법

1. 찹쌀은 씻어서 물에 6시간 이상 충분히 불려서 건져 물기를 제거한 다음 찜통에 면보를 깔고 40분 정도 찌는데 도중에 나무주걱으로 위 아래를 두세 번 고루 섞어 주고 물 스프레이를 해 준다.
2. 대추는 씻어 면보로 닦고 돌려깎아 잘라서 씨와 물을 붓고 중불에서 15분 정도 끓여 체에 걸러 대추고를 만든다.
3. 밤은 크면 1/4등분, 작으면 1/2등분하고, 대추 일부는 씨를 발라 내어 두, 세 조각으로 잘라서 설탕물에 잠시 조려 준다.
4. **1**의 찐 밥을 뜨거울 때 큰 그릇에 쏟아 먼저 흑설탕을 넣고 고루 섞는다. 다음에 참기름, 간장, 대추고를 차례로 넣고 나서 **3**의 밤, 대추, 계핏가루를 넣어 섞은 후 잠시 젖은 면보를 덮어 둔다.
5. 간이 충분히 배면 찜통에 젖은 면보를 깔고 약 1시간 정도 찐 다음 잣과 참기름을 넣어 고루 버무려 뭉치듯이 모양을 낸 후 그릇에 담는다.

Note
약식(약밥)은 칼로 자르지 않고 손으로 뭉치듯이 만들어 상차림을 한다. (※ 약식의 모양은 요구 사항에 따라 만든다.)

두부젓국찌개

재 료
두부 100g, 굴 60g, 홍고추 1/2개, 실파 2뿌리, 마늘 1쪽, 새우젓 2작은술, 물 1컵, 소금·참기름 약간씩

만드는법

1. 굴은 굴 껍질을 잘 골라 내고 연한 소금물에 흔들어 씻어 체에 받쳐 둔다.
2. 두부는 2cm×3cm×1cm 크기로 썬다.
3. 홍고추는 씨와 속을 빼고 0.5cm×3cm, 실파는 3cm 길이로 썬다.
4. 마늘은 곱게 다지고, 새우젓은 곱게 다진 후 국물을 짜 놓는다.
5. 냄비에 적당량의 물을 붓고 새우젓 국물과 소금으로 간을 하여 끓으면 두부를 넣고 잠깐 끓인 후 굴, 다진 마늘, 홍고추 순서로 넣어 짧은 시간에 끓여 준다.
6. 파를 넣고 불을 끈 다음 참기름을 조금 떨어 뜨려 그릇에 담아 낸다.

Note

두부젓국찌개는 굴이 너무 퍼지거나 두부 형태가 부서지지 않도록 주의하며, 간은 소금과 새우젓으로 한다. 국물은 맑고 깨끗하게 만들고 많이 담지 않는다.

낙지볶음

재 료
낙지 1마리(200g), 굵은 소금 3큰술, 양파 100g, 죽순 40g, 양송이버섯 50g, 풋고추 2개, 쪽파 3뿌리

양념장
고추장 3큰술, 고춧가루 1큰술, 설탕 2작은술, 간장 1작은술, 청주 1큰술, 다진파 1큰술, 다진마늘 1큰술, 깨소금 2작은술, 참기름 2작은술, 물엿 1큰술, 후춧가루 약간

만드는법

1. 낙지는 머리를 자른 후 뒤집어 눈과 내장을 제거한 다음 소금으로 거품이 날 때까지 바락바락 주물러 씻는다.
2. 손질한 낙지를 6cm 길이로 썬다.
3. 양파는 1cm 두께로 썰고, 쪽파는 4cm 길이로 썰고, 풋고추는 어슷하게 썰어 씨를 뺀다.
4. 낙지에 양념장을 넣고 골고루 버무린다.
5. 달군 프라이팬에 식용유를 두르고 양파를 볶다가 양념한 낙지를 넣어 센 불에서 살짝 볶은 다음 쪽파와 풋고추를 넣고 마지막에 참기름을 넣는다.

Note
낙지 같은 연체류는 오랫동안 조리하면 수분이 많이 나오고 살이 오그라들어 질겨지므로 살짝 익혀야 연하게 먹을 수 있다.

생선양념구이

재 료
조기 1마리

유 장
참기름 1큰술, 간장 1작은술

양념장
고추장 2큰술, 다진파·다진마늘·생강·후춧가루·소금·설탕·참기름·간장·물 약간씩

만드는법

1. 생선은 아가미 쪽으로 내장을 제거한 후 양쪽에 2cm 간격으로 어슷하게 3번 칼집을 넣고 소금을 뿌려 둔다.
2. 생선에 유장을 바른 후 재워 두고, 양념장을 만든다.
3. 석쇠에 기름을 발라 뜨겁게 달군 후 고기를 놓고 타지 않게 애벌구이한다. 양념장을 애벌구이한 생선에 바른다. 다시 석쇠에 기름을 바르고 뜨겁게 한 후 양념장을 바른 고기를 타지 않게 굽는다.
4. 머리는 왼쪽, 꼬리는 오른쪽, 배가 앞쪽으로 가도록 접시에 담는다.

Note
유장에 재운 생선은 거의 익혀야 고추장 양념을 발라 구울 때 타지 않고 빨리 구울 수 있다.

화양적

재료
쇠고기 40g, 건표고 1장, 당근 1/2개, 오이 1/4개, 통도라지 2뿌리, 잣 8개, 산적꼬챙이 2개, 파 10g, 마늘 1쪽, 소금, 식용유 약간씩

쇠고기 · 표고 양념장
간장 1작은술, 설탕 1/4작은술, 다진파 1/2작은술, 다진마늘 1/4작은술, 깨소금, 참기름, 후춧가루 약간씩

만드는법

1. 건표고는 미지근한 물에 불린 후 1cm×6cm×0.6cm로 썬다.
2. 오이, 당근, 통도라지는 각각 길이 1cm×6cm×0.6cm로 썬다.
3. 끓는 물에 소금을 약간 넣고 당근, 도라지를 데친 다음 찬물에 헹군다.
4. 쇠고기는 1cm×7cm×0.5cm로 썰어 앞뒤에 잔 칼집을 낸다.
5. 쇠고기와 표고버섯은 양념을 해 놓는다.
6. 프라이팬에 기름을 두르고 오이, 도라지, 당근, 표고버섯, 쇠고기 순서로 각각 볶는다.
7. 산적꼬챙이에 볶은 재료를 색 맞추어 끼워 양끝이 1cm 남도록 자른다.
8. 접시에 담고 잣가루를 뿌려 낸다.

Note
화양적은 각 재료의 색을 선명하게 살려 익혀서 색 맞추어 꼬챙이에 끼워 만든 누름적이다.

03
편수, 탕평채, 두부전, 열무물김치, 오이숙장아찌

시험시간
1시간 50분

Check point

① 편수는 삶은 후 육수를 붓고 만두 6개와 초간장을 곁들여 제출하시오.
② 탕평채의 청포묵의 크기는 0.4cm×0.4cm×7cm로 썰고, 모든 부재료의 길이는 4~5cm로 완성하여 제출하시오.
③ 두부전은 3cm×4.5cm×0.8cm 크기의 완성품 6개와 초간장을 곁들여 제출하시오.
④ 열무물김치의 열무와 배추는 4cm 크기로 썰어 밀가루풀로 완성하여 제출하시오.
⑤ 오이숙장아찌의 오이는 0.5cm×0.5cm×5cm가 되게 하고, 쇠고기와 표고버섯은 0.3cm×0.3cm×4cm로 채썰고, 무친 상태를 깨끗히 하여 50g 이상 제출하시오.
⑥ 문제의 요구 사항대로 작품의 수량이 만들어지지 않을 경우 실격 처리됩니다.
⑦ 해당 과제의 지급 재료 외의 재료를 사용할 경우 득점에 관계없이 오작 처리됩니다.

편수

재료
밀가루 1과1/2컵, 쇠고기(우둔) 80g, 표고버섯 3장, 숙주 100g, 호박 1/2개, 잣 1큰술, 달걀 1개

고기 양념
소금 1작은술, 설탕 1/2큰술, 다진파 2작은술, 다진마늘 1작은술, 후춧가루·깨소금·참기름 약간씩

초간장
간장 1큰술, 식초 2큰술, 잣가루 1/2큰술, 설탕 1/2작은술, 참기름·소금 약간씩

만드는 법

1. 밀가루는 소금물로 반죽하여 30분 정도 덮어 두었다가 얇게 밀어 사방 8cm 정도의 정사각형으로 만두피를 만든다.
2. 쇠고기는 반은 곱게 다지고 반은 육수를 만든다. 표고버섯은 불려서 가늘게 썰어 쇠고기와 합해서 고기 양념으로 고루 무쳐 번철에 볶아 접시에 펴서 식힌다.
3. 숙주는 소금을 약간 넣고 데쳐서 찬물에 헹구어 물기를 짜서 송송 썬다.
4. 호박은 가운데 씨를 발라 내고 채썰어 소금에 살짝 절였다가 물기를 짜서 번철에 참기름을 두르고 볶아 바로 큰 그릇에 펴서 식힌다.
5. 달걀은 황·백으로 나누어 지단을 부쳐서 완자형으로 썬다.
6. 익힌 채소와 고기를 섞어서 소를 만든다.
7. 만두피를 도마 위에 펴고 소를 한 큰술 정도, 잣을 한 알씩 얹어 네 귀를 한데 모아 맞닿은 자리를 마주 붙여서 네모지게 빚는다.
8. 편수는 끓는 물에 삶아 찬물에 담갔다가 빼낸 후, 간을 맞추어 차게 식혀 놓은 육수를 붓고 지단을 띄워서 초간장과 같이 낸다.

탕평채

재료
청포묵 150g, 숙주 20g, 미나리 8줄기, 쇠고기 20g, 달걀 1개, 김 1/2장

초간장
간장 1작은술, 식초 1/2작은술, 설탕 1/2작은술

양념장
간장 1작은술, 설탕 1작은술, 다진파·다진마늘·깨소금·참기름·후춧가루 약간씩

만드는 법

1. 숙주는 거두절미하고, 미나리는 뿌리와 잎을 떼어 내어 끓는 물에 소금을 넣고 데쳐 4cm 길이로 썬다.
2. 청포묵은 0.4cm×0.4cm×7cm로 채썰어 데친 후 소금, 참기름에 무쳐 둔다.
3. 쇠고기는 가늘게 채썰어서 양념해 둔다.
4. 달걀은 황·백 지단을 부쳐서 0.2cm×0.1cm×4cm 길이로 채썰어 둔다.
5. 프라이팬에 기름을 둘러 쇠고기는 볶고, 숙주·미나리·청포묵은 초간장으로 버무리고, 김은 구워서 잘게 부순다.
6. 그릇에 탕평채를 담고 김과 황·백 지단 고명을 얹어서 낸다.

Note
청포묵이 서로 달라 붙지 않도록 하고 양념장으로 무칠 때 색이 너무 진해지거나 부서지지 않도록 주의한다.

두부전

재료
두부 200g, 밀가루 2큰술, 달걀 1개, 소금 약간

초간장
간장 1큰술, 식초 1/2작은술, 설탕 1/2작은술

만드는법

1. 두부는 3cm×4.5cm×0.8cm 크기로 썰어 소금을 뿌려 두었다가 물기를 닦는다.
2. 두부에 밀가루를 묻혀 털어 낸 다음 달걀을 묻힌다.
3. 달군 프라이팬에 기름을 두르고 지져 낸다.
4. 초간장을 곁들여 낸다.

Note
두부는 잘 부서지기 때문에 조심히 다루고, 수분을 제거한 후 사용하여야 전이 곱게 부쳐진다.

열무물김치

재 료
열무 250g, 굵은 소금 15g, 풋고추 3개, 미나리 50g, 대파 50g, 오이 100g

김치 국물
물 10컵, 소금 1/4컵, 설탕 1큰술, 밀가루 3큰술, 다홍고추 50g, 양파 50g, 배 50g, 마늘 20g, 생강 5g

만드는 법

1. 열무는 4cm 길이로 썰어 굵은 소금에 30여 분 가볍게 절인 후 씻어 체에 건진다.
2. 다홍고추는 꼭지를 떼고 반으로 갈라 씨를 털어놓고, 양파와 배는 손질해서 큼직하게 썬다.
3. 물 3컵에 2와 마늘, 생강을 넣고 믹서에 곱게 간 다음 체에 거른다.
4. 밀가루는 물 1/2컵으로 반죽해서 밀가루 즙을 만든 다음, 물 1/5컵을 섞어 가열하여 풀을 쑤어 식혀서 체에 밭친다.
5. 풋고추, 대파, 미나리, 오이를 다듬어 씻은 후 큼직하게 썰어 망에 넣고 항아리 바닥에 깐다.
6. 5에 1, 3, 4를 넣고 물 8컵을 섞어 국물을 만든 후 소금, 설탕으로 간을 맞춰 완성한다.

Note
열무물김치의 풋내를 없애기 위하여 밀가루 풀을 쑤어 국물에 풀어 넣는다.

오이숙장아찌

재 료
오이 1개, 쇠고기 25g, 건표고 1장, 실고추·소금·식용유 약간씩

양념장
간장 1큰술, 설탕 1큰술, 후춧가루·깨소금·참기름·다진파·다진마늘 약간씩

만드는법

1. 오이는 깨끗이 씻어 0.5cm×0.5cm×5cm 정도 크기로 썰어 소금에 절인다.
2. 건표고는 미지근한 물에 불린 후 채썰어 양념장으로 무친다.
3. 쇠고기는 0.3cm×0.3cm×4cm 정도로 썰어 양념장으로 무친다.
4. 프라이팬에 기름을 두르고 오이, 표고, 쇠고기 순으로 각각 따로 볶는다.
5. 볶아 낸 채소와 고기를 실고추, 깨소금, 참기름, 설탕을 약간 넣고 무친 다음 접시에 담아 낸다.

Note
오이숙장아찌는 각각 따로 조리하여 무치는 방법으로 재료의 색을 조화롭게 담아 낸다.

04
등골전, 탕평채, 생선양념구이, 장산적, 호두조림

시험시간 **2시간**

Check point

① 등골전의 등골은 가운데를 갈라 펴서 4cm 길이로 썰어 전을 부쳐 5개를 초간장과 같이 제출하시오.
② 탕평채의 청포묵의 크기는 0.4cm×0.4cm×7cm로 썰고, 모든 부재료의 길이는 4~5cm로 완성하여 제출하시오.
③ 생선양념구이의 생선은 머리를 제거하지 않아야 하며 배를 가르지 않고 내장을 꺼낸 후 완전한 형태의 생선으로 구워야 하며, 담을 때 담는 방향을 고려하여 제출하시오.
④ 장산적은 3cm×3cm×0.5cm 크기로 석쇠에 구운 후 윤기나게 조려 주어진 재료 전량 제출하시오.
⑤ 호두조림은 호두가 부스러지지 않도록 하여 윤기나게 조려 주어진 재료 전량을 제출하시오.
⑥ 문제의 요구 사항대로 작품의 수량이 만들어지지 않을 경우 실격 처리됩니다.
⑦ 해당 과제의 지급 재료 외의 재료를 사용할 경우 득점에 관계없이 오작 처리됩니다.

등골전

재 료
등골 1보, 달걀 2개, 소금·
후춧가루·밀가루·식용유
약간씩

초간장
간장 1작은술, 식초 1/2작
은술, 설탕 1/2작은술

만드는법

1. 등골 가운데에 손가락을 넣어 갈라 펴서 4cm 길이로 썬 다음 소금과 후춧가루를 뿌린다.
2. 밑간을 한 등골에 밀가루를 묻혀 달걀물에 담갔다가 프라이팬에 식용유를 두르고 재빨리 양면을 지진다.
3. 초간장을 곁들여 낸다.

Note
소등골은 다져서 녹말에 지지기도 한다. 허리와 각종 통증에는 소등골이 효과적이다.

탕평채

재 료
청포묵 150g, 숙주 20g, 미나리 8줄기, 쇠고기 20g, 달걀 1개, 김 1/2장

초간장
간장 1작은술, 식초 1/2작은술, 설탕 1/2작은술

양념장
간장 1작은술, 설탕 1작은술, 다진파·다진마늘·깨소금·참기름·후춧가루 약간씩

만드는 법

1. 숙주는 거두절미하고, 미나리는 뿌리와 잎을 떼어 내어 끓는 물에 소금을 넣고 데쳐 4cm 길이로 썬다.
2. 청포묵은 0.4cm×0.4cm×7cm로 채썰어 데친 후 소금, 참기름에 무쳐 둔다.
3. 쇠고기는 가늘게 채썰어서 양념해 둔다.
4. 달걀은 황·백 지단을 부쳐서 0.2cm×0.1cm×4cm 길이로 채썰어 둔다.
5. 프라이팬에 기름을 둘러 쇠고기는 볶고, 숙주·미나리·청포묵은 초간장으로 버무리고, 김은 구워서 잘게 부순다.
6. 그릇에 탕평채를 담고 김과 황·백 지단 고명을 얹어서 낸다.

Note
청포묵이 서로 달라 붙지 않도록 하고 양념장으로 무칠 때 색이 너무 진해지거나 부서지지 않도록 주의한다.

생선양념구이

재 료
병어 1마리

유 장
참기름 1큰술, 간장 1작은술

양념장
고추장 2큰술, 다진파·다진마늘·생강·후춧가루·소금·설탕·참기름·간장·물 약간씩

만드는법

1. 생선은 아가미 쪽으로 내장을 제거한 후 양쪽에 2cm 간격으로 어슷하게 3번 칼집을 넣고 소금을 뿌려 둔다.
2. 생선에 유장을 바른 후 재워 두고, 양념장을 만든다.
3. 석쇠에 기름을 발라 뜨겁게 달군 후 고기를 놓고 타지 않게 애벌구이 한다. 양념장을 애벌구이한 생선에 바른다. 다시 석쇠에 기름을 바르고 뜨겁게 한 후 양념장을 바른 고기를 타지 않게 굽는다.
4. 머리는 왼쪽, 꼬리는 오른쪽, 배가 앞쪽으로 가도록 접시에 담는다.

Note
유장에 재운 생선은 거의 익혀야 고추장 양념을 발라 구울 때 타지 않고 빨리 구울 수 있다.

장산적

재 료
쇠고기(우둔) 200g, 두부 70g, 잣 1큰술

고기·두부 양념
소금 1작은술, 설탕 1큰술, 다진파 1큰술, 다진마늘 1/2큰술, 참기름 1/2큰술, 후춧가루·깨소금 약간씩

조림 양념
간장 2큰술, 설탕 1큰술, 물 1/2컵

만드는법

1. 쇠고기는 곱게 다지고, 두부는 면보에 싸서 물기를 뺀 다음 으깨어 고기와 두부를 섞어 양념한다.
2. 양념한 고기를 두께가 0.5cm 정도 되게 네모지게 만들어 가로 세로로 잔 칼집을 넣는다.
3. 석쇠에 기름을 발라가며 고기가 타지 않게 구워 사방 2cm 크기로 썬다.
4. 조림 양념이 끓으면 장산적을 넣어 양념을 끼얹어 가며 윤기나게 조린다.
5. 국물이 자작해질 때까지 조려 그릇에 담고 잣가루를 뿌린다.

Note
양념한 고기는 많이 치대어야 표면이 매끈하고 부서지지 않는다. 구울 때 석쇠를 움직여가며 구워야 색이 고루 나타난다.

호두조림

재 료
호두 200g, 잣 1큰술, 참기름 1작은술

조림장
간장 3큰술, 물엿 2큰술, 설탕 1큰술, 물 1/2컵

만드는법

1. 호두는 따뜻한 식초물에 불려 부서지지 않도록 꼬챙이로 속껍질을 벗긴다.
2. 속껍질을 벗긴 호두에 조림장을 넣어 중간불에서 조린다.
3. 조린 호두에 잣을 넣고 물엿을 넣어 다시 한번 더 조린 후 참기름으로 마무리한다.

Note

호두는 강도, 감추자, 추자, 핵도 등으로 불리우며, 무기질과 비타민 B_6가 풍부해서 강장 효과와 노화 방지에 좋다.

05
두부조림, 쇠갈비구이, 육원전, 해물겨자채, 매듭자반

시험시간 **2시간**

Check point

① 두부조림은 3cm×4.5cm×0.8cm 크기로 하며, 부서지지 않고 질기지 않게 하여 완성품을 5개 제출하시오.
② 쇠갈비구이는 석쇠에 구워 갈비대 2개와 한입 크기의 갈비살 6점을 제출하시오.
③ 육원전은 전의 크기를 지름 3cm가 되도록 만들어 5개를 제출하시오.
④ 해물겨자채의 재료는 1cm×4cm×0.3cm로 썰어 겨자장에 무쳐 제출하시오.
⑤ 매듭자반은 폭 1cm, 길이 8cm 크기로 잘라 곱게 튀겨 제시된 재료 전량을 제출하시오.
⑥ 문제의 요구 사항대로 작품의 수량이 만들어지지 않을 경우 실격 처리됩니다.
⑦ 해당 과제의 지급 재료 외의 재료를 사용할 경우 득점에 관계없이 오작 처리됩니다.

두부조림

재 료
두부 1/2모, 소금 1/4작은술, 파 1/4대, 실고추·식용유 약간씩

조림장
간장 1큰술, 설탕 1작은술, 다진파 1작은술, 다진마늘 1/2작은술, 통깨 1/2작은술, 참기름 1/2작은술, 후춧가루 약간, 물 1/4컵

만드는 법

1. 두부는 3cm×4.5cm×0.8cm의 직사각형 모양으로 일정하게 썬 후 소금을 뿌린다.
2. 두부의 물기를 제거한 후 프라이팬에 기름을 두르고 뜨거워지면 두부를 앞뒤로 노릇노릇하게 지져 낸다.
3. 냄비에 두부를 넣고 조림장을 부어 천천히 조리다 두부가 어느 정도 조려지면 파채, 실고추를 올린 후 잠시 뚜껑을 덮었다가 꺼낸다.
4. 완성된 두부를 살짝 겹쳐서 담고 조림할 때 남은 국물을 촉촉하게 끼얹어 낸다.

Note
두부조림은 중간 중간에 양념장을 골고루 끼얹어 가며 조려야 윤기나게 조려진다.

쇠갈비구이

재 료
쇠갈비 300g, 잣 10g

양 념
간장 2큰술, 배즙 2큰술, 양파즙 1큰술, 설탕 1큰술, 다진파 1큰술, 다진마늘 1작은술, 깨소금·참기름·후춧가루 약간씩

만드는법

1. 갈비는 물에 담가 핏물을 빼고 기름기와 힘줄을 제거한다. 뼈의 끝부분에 살이 붙어 있도록 0.5cm 두께로 저며서 편 다음 0.5cm 간격으로 앞뒤 대각선으로 칼집을 넣는다.
2. 양파, 배는 갈아서 즙을 내어 나머지 양념과 섞어 양념장을 만들어 손질한 갈비에 고르게 무쳐 양념이 잘 들게 30분 정도 재워 둔다.
3. 석쇠를 뜨겁게 하여 갈비를 놓고 한 면이 거의 익었을 때 뒤집어 다른 한 면을 굽는다. 이때 양념장을 발라 윤기가 나도록 하고 타지 않게 굽는다.
4. 갈비를 4~5cm 크기로 썰어 접시에 담고 잣가루를 뿌린다.

Note
육류를 구울 때는 가능한 한 여러 번 뒤집지 않는 것이 좋다. 불이 약하거나 너무 자주 뒤집으면 맛있는 맛은 물론 수용성 영양분이 모두 흘러나와 손실이 많아지기 때문이다.

육원전

재 료
쇠고기 50g, 두부 30g, 밀가루 30g, 달걀 1개, 식용유 약간

양 념
다진파·다진마늘·후춧가루·소금·설탕·참기름·깨소금 약간씩

만드는 법

1. 쇠고기는 곱게 다지고, 두부는 면보에 물기를 제거한 후 칼 옆면으로 곱게 으깬다.
2. 1에 양념을 넣고 잘 치대어 반죽한다.
3. 고기 반죽을 지름 3.5cm 크기로 둥글 납작하게 빚어 가운데를 약간 누른 후 밀가루를 충분히 묻힌다.
4. 달걀에 소금을 약간 넣고 푼 다음 달걀물을 씌워 프라이팬에 양면을 노릇노릇하게 지져 낸다.

Note
밀가루를 미리 묻히면 얼룩이 지기 쉽고 모양이 잘 나오지 않으므로 지지기 전에 묻힌다.

해물겨자채

재료
오징어 1/2마리, 해삼 1마리, 새우 4마리, 쇠고기(양지머리) 50g, 오이 1/4개, 당근 1/4개, 양배추 40g, 배 1/4개, 밤 2개, 잣 1작은술, 달걀 1개·은행 5개

겨자장
겨잣가루 1큰술, 따뜻한 물 1큰술, 설탕 2큰술, 식초 2큰술, 소금 2/3작은술, 간장 약간

만드는 법

1. 겨자는 따뜻한 물로 개어 발효시켜 매운맛이 나면 겨자장을 만든다.
2. 쇠고기는 덩어리째 삶아 식으면 1cm×4cm×0.3cm로 썬다.
3. 양배추, 오이, 당근은 1cm×4cm×0.3cm로 썰어 물에 담가 싱싱하게 해 놓는다.
4. 배는 1cm×4cm×0.3cm로 썰어 설탕물에 담그고, 밤은 모양대로 0.3cm 두께로 납작하게 썬다.
5. 새우, 해삼은 깨끗이 손질하여 데쳐서 저미고, 오징어는 껍질을 벗긴 후 안쪽에 대각선으로 칼집을 넣어 1.5cm×5cm로 자른 다음 끓는 물에 데친다.
6. 달걀은 황·백으로 지단을 약간 두껍게 부쳐 1cm×4cm로 썰고, 은행은 볶아서 껍질을 벗긴다.
7. 준비한 채소의 물기를 제거한 후 편육, 지단과 함께 색 맞추어 돌려 담고 가운데 해물을 담는다. 비늘 잣, 은행을 고명으로 얹고 겨자장을 같이 곁들인다.

매듭자반

재 료
다시마 30g, 잣 10g, 통후추 5g, 설탕 1큰술, 식용유 2컵

만드는법

1. 다시마는 먼지를 깨끗이 닦아 폭 1cm, 길이 8cm 크기로 자른다.
2. 잣은 고깔을 떼고, 통후추는 깨끗이 닦는다.
3. 다시마는 한 오리씩 매듭을 지어 그 매듭 사이에 잣과 통후추를 한 알씩 넣어 빠지지 않게 한다.
4. 150℃의 식용유에 바삭하게 튀겨 여분의 기름을 빼고 식기 전에 설탕을 뿌린다.

Note
튀김이나 부각하기 좋은 시기는 정월이다. 공기가 잘 통하지 않는 통에다 두면 오래 두고 먹을 수 있다.

06
완자탕, 닭찜, 표고전, 사슬적, 무나물

시험시간 **2시간**

Check point

① 완자의 크기는 지름 2cm의 둥근 원형으로 7개, 국물의 양은 200mL 정도로 만들어 제출하시오.

② 닭찜의 닭은 4~5cm 크기로 5토막 이상 제출하시오.

③ 완성된 표고전은 5개 제출하시오.

④ 사슬적은 각각 1cm×6cm×0.7cm 크기로 썰어 꼬치를 2개 제출하시오.

⑤ 무나물은 길이 6cm, 굵기 0.3cm로 결대로 채를 썰어 볶아 제출하시오.

⑥ 문제의 요구 사항대로 작품의 수량이 만들어지지 않을 경우 실격 처리됩니다.

⑦ 해당 과제의 지급 재료 외의 재료를 사용할 경우 득점에 관계없이 오작 처리됩니다.

완자탕

재료
쇠고기(완자 50g, 육수 30g) 80g, 두부 20g, 달걀 1개, 밀가루·소금·간장·식용유 약간씩

고기·두부 양념
다진파 1작은술, 다진마늘 1/2작은술, 깨소금 1/4작은술, 참기름 1/4작은술, 후춧가루·소금 약간씩

만드는법

1. 쇠고기의 일부는 찬물에 파, 마늘 등과 함께 끓여 맑은 장국을 만든다.(장국은 면보에 걸러 준다.)
2. 나머지 쇠고기는 기름기를 제거한 후 곱게 다지고, 두부는 면보에 싸서 물기를 제거한 후 곱게 으깨어 고기와 함께 양념하여 끈기있게 치대어 지름 2cm의 완자를 빚는다.(완자는 조리 후에 약간 커지므로 요구 사항보다 약간 작게 빚는 것이 좋다.)
3. 달걀은 황·백으로 나누어 반은 지단을 부쳐서 2cm×2cm의 마름모꼴로 썰고, 나머지는 혼합하여 체에 내려 둔다.
4. 준비된 완자를 굴려 밀가루를 묻힌 다음 달걀물을 입히고 체에 완자를 받쳐 여분의 달걀물을 뺀 후 프라이팬에 달걀물 입힌 완자를 놓고 완자가 굴러갈 수 있도록 프라이팬에 돌려가며 지져 낸다.
5. 간장과 소금으로 육수 간을 맞추고 끓으면 완자를 넣어 잠시 끓인다.
6. 완성된 완자탕을 그릇에 담고 황·백 지단을 고명으로 띄워 낸다.

닭찜

재료
생닭 1/4마리, 양파·당근 50g씩, 표고버섯 1장, 달걀 1개, 은행 3알

닭 양념
다진파 1작은술, 다진마늘 1작은술, 다진생강 1작은술, 후춧가루 약간, 참기름 1작은술, 설탕 2큰술, 간장 3큰술

만드는 법

1. 끓는 물에 닭을 데쳐 기름기를 제거한다.
2. 닭과 양파는 한입 크기로 썰고, 당근은 밤톨 모양으로 썰어 모서리 부분을 다듬는다.
3. 표고버섯은 불려서 큰 것은 4등분, 작은 것은 2등분하여 썰어 놓는다.
4. 냄비에 닭을 넣고 양념을 한 다음, 닭이 잠길 정도로 물을 넣는다.
5. 닭이 거의 익었을 때 당근, 양파, 표고버섯을 넣고 약한 불에서 조린다.
6. 달걀은 황·백 지단을 부쳐 1.5cm 마름모꼴로 썰고, 은행은 볶아서 껍질을 벗긴다.
7. 국물이 거의 졸아들면 불을 끄고 그릇에 닭찜을 담은 다음 그 위에 은행과 지단을 얹고 남은 양념 국물을 끼얹는다.

Note
닭은 기름기를 제거해야 하며, 채소는 너무 무르지 않도록 주의해야 한다.

표고전

재료
건표고버섯(중) 5개, 쇠고기 50g, 두부 10g, 달걀 1개, 밀가루 50g, 식용유·참기름·간장 약간씩

소·고기 양념
후춧가루·소금·깨소금·설탕·참기름·다진파·다진마늘 약간씩

만드는 법

1. 표고버섯은 미지근한 물에 불려서 기둥을 떼어 내고 물기를 제거한 다음 간장, 참기름으로 유장 처리한다.
2. 쇠고기는 곱게 다지고, 두부는 면보에 넣어 물기를 뺀 후 칼의 옆면으로 곱게 으깬 다음 혼합한 후 소 양념을 넣고 잘 치대어 반죽한다.
3. 표고버섯 안쪽에 밀가루를 묻혀 양념한 고기를 넣고 편편하게 채운다.
4. 소금을 약간 넣은 달걀물을 씌워 프라이팬에 표고버섯의 밑부분을 지진다.
5. 고기가 익으면 뒤집어 익힌 후 제출한다.

Note
표고는 물에 충분히 불려야 부드러우며, 물기를 잘 닦아야 전을 부칠 때 물이 생기지 않는다. 표고전은 크기를 너무 두껍게 부치지 않아야 하고 표면을 깨끗이 해서 지진다.

사슬적(어산적)

재료
동태 1/2마리, 쇠고기 80g, 두부 30g, 밀가루 1큰술, 실백 1작은술, 대꼬챙이 3개, 식용유 1큰술

고기·두부 양념
소금 1/3작은술, 설탕 1/4작은술, 파 1작은술, 마늘 1/2작은술, 참기름 1/2작은술, 깨소금 1작은술, 후춧가루 1/8작은술

생선 양념
소금·생강·흰후춧가루 약간씩

초간장
간장 2큰술, 식초 1큰술, 설탕 1작은술

만드는 법

1. 쇠고기는 곱게 다져서 핏물을 빼놓고, 두부는 물기를 빼고 다져서 쇠고기와 함께 섞어 양념한다.
2. 동태는 껍질을 벗겨서 1cm×6cm×0.7cm 크기로 썰어 물기 제거 후 소금, 흰후춧가루로 밑간을 한다.
3. 실백은 고깔을 떼고 곱게 다진다.
4. 동태를 꼬챙이에 끼우고 고기와 맞닿는 쪽에 밀가루를 묻힌 다음 사이사이에 1의 고기를 모양 내어 꼬챙이에 끼운다.(쇠고기는 폭 1cm, 길이 7cm로 썰어서 사용하기도 하고, 고기와 두부를 다져서 사용하기도 하는데, 재료의 제시나 요구 사항에 따라 만든다.)
5. 프라이팬에 기름을 두르고 꼬치를 지져 내어 접시에 담는다. 잣가루를 뿌리고 초간장을 곁들여 낸다.

Note 고기와 생선은 꼬챙이에 끼워 구우면 1~2cm 정도 줄어들므로 가열했을 때의 길이를 감안하여 자르도록 한다.

무나물

재 료
무 250g, 소금 1/2작은술, 다진 파 1작은술, 다진 마늘 1/2작은술, 깨소금 1/2작은술, 참기름 1작은술, 식용유 1큰술, 실고추 약간

만드는 법

1. 무는 씻어서 길이 6cm, 굵기 0.3cm로 결대로 채썰어 소금에 살짝 절여 물기를 제거한다.
2. 냄비에 식용유를 두르고 채썬 무를 넣고 볶다가 물을 약간 부어 무가 부드럽게 익으면 파, 마늘, 소금을 넣어 약한 불에서 은근히 익힌다.
3. 무나물이 익으면 깨소금과 참기름, 실고추를 넣어 고루 섞어 국물과 함께 담는다.

Note
무나물은 낮은 온도에서 오래 볶고 은근히 익혀야 간이 잘 배고, 기름 막이 돌아야 맛이 있다.

참기름 대신 들기름을 넣기도 한다.

■ 한식조리 산업기사 출제문제

● 2000년 출제문제
1. 오이소박이, 느타리버섯전골(느타리버섯나물), 더덕생채, 북어양념구이, 쇠고기장조림 (2000. 10. 13) – **01** (☞ 이 번호는 우리 책의 과년도 출제문제 번호임)
2. 무나물, 감자조림, 너비아니, 고추전, 북어보푸라기 (2000. 10. 14) – **02**
3. 더덕생채, 생선양념구이, 탕평채, 호박전, 호두조림 (2000. 10. 15) – **03**

● 2001년 출제문제
1. 두부조림, 탕평채, 오이숙장아찌, 깻잎전, 파강회 (2001. 11. 5) – **04**
2. 밀쌈, 호박죽, 나박김치, 도라지생채, 대합찜 (2001. 11. 5) – **05**
3. 북어보푸라기, 표고전, 잡채, 두부선, 애탕국 (2001. 11. 6) – **06**
4. 미나리강회, 화전, 수란, 사슬적, 오징어구이 (2001. 11. 6) – **07**
5. 양파전, 된장찌개, 깍두기, 사슬적, 도라지강정 (2001. 11. 7) – **08**

● 2002년 출제문제
1. 어채, 만두국, 깍두기, 장떡, 오이선 (2002. 10. 3) – **09**
2. 화전, 수정과, 북어보푸라기, 육회, 해물된장국 (2002. 10. 3) – **10**
3. 시금치된장국, 장산적, 비빔밥, 오이생채, 나박김치 (2002. 10. 6) – **11**

● 2003년 출제문제
1. 무생채, 나박김치, 너비아니, 밀쌈, 삼치조림 (2003. 10. 6) – **12**
2. 북어보푸라기, 나박김치, 장국죽, 매듭자반, 명란찌개 (2003. 10. 6) – **13**
3. 알찜, 오이소박이, 호박전, 멸치조림, 규아상 (2003. 10. 6) – **14**
4. 콩나물밥, 잡채, 두부선, 장김치, 너비아니 (2003. 10. 7) – **15**
5. 오이소박이, 수란, 어만두, 두부선, 삼색경단 (2003. 10. 7) – **16**

● 2004년 출제문제
1. 어선, 화양적, 더덕생채, 호박눈썹나물, 죽순찜 (2004. 9. 21) – **17**
2. 미나리강회, 무생채, 오징어볶음, 옥수수전, 연근조림 (2004. 9. 21) – **18**
3. 무생채, 오이선, 두부젓국찌개, 꽃게찜, 사슬적 (2004. 9. 22) – **19**
4. 칠전판, 무숙장아찌, 미나리강회, 장산적, 율란, 조란 (2004. 9. 22) – **20**

● 2005년 출제문제
1. 오이생채, 육회, 더덕구이, 새우전, 갈비찜 (2005. 9. 26) – **21**
2. 오이소박이, 쇠고기장조림, 느타리버섯나물, 북어양념구이, 더덕생채 (2005. 9. 26) – **01**

3. 두부조림, 탕평채, 오이숙장아찌, 깻잎전, 파강회 (2005. 9. 27) - 04
4. 두부젓국찌개, 나박김치, 생선전, 죽순채, 쇠고기장국 (2005. 9. 27) - 22

● 2006년 출제문제
1. 깍두기, 오이선, 만두국, 어채, 장떡 (2006. 10. 10) - 09
2. 무생채, 오징어볶음, 미나리강회, 옥수수전, 연근조림 (2006. 10. 10) - 18
3. 수란, 칼국수, 겉절이, 수정과, 대추초 (2006. 10. 11) - 23
4. 화양적, 어선, 더덕생채, 죽순찜, 호박눈썹나물 (2006. 10. 11) - 17
5. 장국죽, 북어보푸라기, 나박김치, 다시마매듭자반, 명란찌개 (2006. 10. 12) - 13
6. 잡채, 너비아니, 콩나물국밥, 두부선, 장김치 (2006. 10. 12) - 15

● 2007년 출제문제
1. 무생채, 두부젓국찌개, 오이선, 꽃게찜, 사슬적 (2007. 10. 11) - 19
2. 칠절판, 무숙장아찌, 미나리강회, 장산적, 율란, 조란 (2007. 10. 12) - 20
3. 장국죽, 제육구이, 잡채, 장김치, 양동구리 (2007. 10. 12) - 24
4. 구절판, 편수, 깻잎전, 알찜, 오이생채 (2007. 10. 13) - 25
5. 삼색경단, 어만두, 수란, 오이소박이, 두부선 (2007. 10. 13) - 16
6. 섭산삼, 두부조림, 호박죽, 오이숙장아찌, 오이생채 (2007. 10. 14) - 26

● 2008년 출제문제
1. 어알탕, 월과채, 홍합초, 제육구이, 오이선 (2008. 10. 2) - 27
2. 화전, 수정과, 북어보푸라기, 육회, 해물된장국 (2008. 10. 2) - 10
3. 사슬적, 파전, 깍두기, 도라지생채, 된장찌개 (2008. 10. 6) - 28
4. 풋고추전, 칠절판, 더덕생채, 연근조림, 병어포구이 (2008. 10. 6) - 29
5. 두부조림, 북어찜, 사슬적, 표고전, 호박나물 (2008. 10. 7) - 30
6. 비빔밥, 나박김치, 오이생채, 장산적, 시금치된장국 (2008. 10. 7) - 11

● 2009년 출제문제
1. 화양적, 어선, 더덕생채, 죽순찜, 호박눈썹나물 (2009. 4. 24) - 17
2. 칠절판, 무숙장아찌, 미나리강회, 장산적, 율란 (2009. 4. 24) - 20
3. 무생채, 오징어볶음, 옥수수전, 연근조림, 미나리강회 (2009. 4. 25) - 18
4. 완자탕, 북어보푸라기, 오이숙장아찌, 호두조림, 두부선 (2009년. 4. 25) - 31

INDEX

감자조림 … 29	북어보푸라기 … 32, 52, 78, 94, 204	옥수수전 … 127
갈비찜 … 147	북어양념구이 … 25	완자탕 … 203, 241
겉절이 … 157	북어찜 … 198	월과채 … 180
구절판 … 167	비빔밥 … 84	육원전 … 237
규아상 … 104	사슬적 … 61, 67, 134, 185, 199, 244	육회 … 79, 144
깍두기 … 66, 72, 187	삼색경단 … 116	율란 … 140
깻잎전 … 43, 169	삼색밀쌈 … 46, 91	잡채 … 54, 107, 163
꽃게찜 … 133	삼치조림 … 92	장국죽 … 96, 161
나박김치 … 48, 86, 89, 95, 150	삼합초 … 213	장김치 … 109, 164
낙지볶음 … 219	새우전 … 146	장떡 … 73
너비아니구이 … 30, 90, 110	생선양념구이 … 35, 212, 220, 231	장산적 … 83, 139, 232
느타리버섯나물 … 23	생선전 … 151	제육구이 … 162, 182
느타리버섯전골 … 22	섭산삼 … 173	조란 … 141
닭찜 … 242	쇠갈비구이 … 236	죽순찜 … 122
대추초 … 159	쇠고기장국 … 153	죽순채 … 152
대합찜 … 50	쇠고기장조림 … 26	칠절판 … 136, 192
더덕구이 … 145	수란 … 60, 113, 155	칼국수 … 156
더덕생채 … 24, 34, 120, 193	수정과 … 77, 158	콩나물밥 … 106
도라지생채 … 49, 188, 215	시금치된장국 … 82	탕평채 … 36, 41, 224, 230
도라지정과 … 68	알찜 … 100, 170	파강회 … 44
된장찌개 … 65, 189	애탕국 … 56	파전 … 186
두부선 … 55, 108, 115, 207	약식 … 217	편수 … 168, 223
두부전 … 225	양동구리 … 165	표고전 … 53, 200, 243
두부젓국찌개 … 132, 149, 218	양파전 … 64	풋고추전 … 31, 191
두부조림 … 40, 174, 197, 235	어만두 … 114	해물겨자채 … 238
등골전 … 229	어선 … 118	해물된장국 … 80
만둣국 … 71	어알탕 … 179	호두조림 … 38, 206, 233
매듭자반 … 97, 239	어채 … 70	호박나물 … 201
멸치볶음 … 103	연근조림 … 128, 194	호박눈썹나물 … 121
명란찌개 … 98	열무물김치 … 226	호박선 … 211
무나물 … 28, 245	오이생채 … 85, 143, 171, 177	호박전 … 37, 102
무생채 … 88, 125, 130	오이선 … 74, 131, 183	호박죽 … 47, 175
무숙장아찌 … 137	오이소박이 … 21, 101, 112	홍합초 … 181
미나리강회 … 58, 124, 138	오이숙장아찌 … 42, 176, 205, 214, 227	화양적 … 119, 221
뱅어포구이 … 195	오징어볶음 … 62, 126	화전 … 59, 76

한식조리 산업기사 실기

2009년 6월 25일 인쇄
2009년 6월 30일 발행

지은이 : 이영순
펴낸이 : 이정일

펴낸곳 : 도서출판 **일진사**
www.iljinsa.com

140-896 서울시 용산구 효창동 5-104
대표전화 : 704-1616 / 팩스 : 715-3536
등록번호 : 제3-40호(1979.4.2)

값 26,000원

ISBN : 978-89-429-1074-8

*이 책에 실린 글이나 사진은 문서에 의한 출판사의
동의 없이 무단 전재·복제를 금합니다.